Forårsruller: Et kulinarisk eventyr i indpakning og rulning

Oplev kunsten at lave lækre æggeruller med 100 opskrifter til enhver lejlighed

Emil Arvidsson

Copyright materiale ©2024

Alle rettigheder forbeholdes

Ingen del af denne bog må bruges eller transmitteres i nogen form eller på nogen måde uden korrekt skriftligt samtykke fra udgiveren og copyright-indehaveren, bortset fra korte citater brugt i en anmeldelse. Denne bog bør ikke betragtes som en erstatning for medicinsk, juridisk eller anden professionel rådgivning.

INDHOLDSFORTEGNELSE

INDHOLDSFORTEGNELSE..3
INTRODUKTION...7
KLASSISKE ÆGGERULLER..9
1. REUBEN-ÆGGERULLER I NEW YORK-STIL................................10
2. BAGTE THAI PEANUT CHICKEN FORÅRSRULLER......................12
3. KREOLSK SVINEKØD OG REJEÆGGERULLER............................14
4. NEM ÆGGERULLER...16
5. SKINKE, OST OG ÆGGERULLER...19
6. GRØNTSAGSÆGGERULLER..21
7. BRYSTÆGGERULLER..24
8. AVOCADO ÆGGERULLER..26
9. REJE- OG KÅLÆGRULLER WRAPS..29
10. AIR FRIED PHILLY CHEESESTEAKS...32
11. AVOCADO OG TOMATÆGGERULLER....................................35
12. LUFTSTEGTE SPRØDE FORÅRSRULLER..................................37
13. KÅL OG SVAMPE FORÅRSRULLER...40
14. SPRØDE KYLLINGÆGGERULLER..43
15. ÆGGERULLER MED SVINEKØD OG SVAMPE........................46
16. FANTASTISKE ÆGGERULLER..50
17. CHA GIO VIETNAMESISKE ÆGGERULLER.............................52
18. SØDE OG SURE KYLLINGÆGGERULLER................................54
19. BUFFALO CHICKEN FORÅRSRULLER.....................................56
20. TEX-MEX ÆGGERULLER..58
21. SVAMPE- OG SPINATÆGGERULLER......................................61
22. CAPRESE ÆGGERULLER...64
23. ÆGGERULLER MED PØLSE OG PEBER...................................66
24. GRÆSK-INSPIREREDE ÆGGERULLER.....................................69
25. SPINAT OG ARTISKOK DIP ÆGGERULLER.............................71
26. TEX-MEX MORGENMADSÆGGERULLER..............................74
27. MIDDELHAVSÆGGERULLER...76
28. BUFFALO BLOMKÅL ÆGGERULLER......................................78
29. CHEESEBURGER ÆGGERULLER...81
30. TERIYAKI KYLLINGÆGGERULLER..83

31. ØSTERS FORÅRSRULLER..85
32. HAWAIIAN BBQ SVINEÆGGERULLER..88
33. BUFFALO BLOMKÅL ÆGGERULLER..90
34. KRABBE RANGOON ÆGGERULLER..93
35. ÆBLETÆRTEÆGRULLER..95
36. TERIYAKI KYLLINGÆGGERULLER..98
37. S'MORES ÆGGERULLER..100
38. CAPRESE KYLLINGÆGGERULLER..102
39. GRÆSK KYLLING GYRO ÆGGERULLER......................................104
40. TERIYAKI KYLLINGÆGGERULLER..106
41. MANGO AVOCADO ÆGGERULLER...108
42. CAPRESE KYLLINGÆGGERULLER..110
43. PULLED PORK OG COLESLAW FORÅRSRULLER......................112
44. CHEESEBURGER ÆGGERULLER..114
45. VEGETARISKE ÆGGERULLER MED SØD CHILISAUCE.............117
46. PHILLY CHEESESTEAK ÆGGERULLER..120
47. JALAPENO POPPER ÆGGERULLER..122
KONTIGRULER...124
48. PHYLLO VEGGIE ÆGGERULLER..125
49. SPINAT OG FETA PHYLLO ÆGGERULLER..................................128
50. KYLLING OG GRØNTSAGER PHYLLO FORÅRSRULLER...........130
51. SØDE ÆBLE OG KANEL PHYLLO ÆGGERULLER.......................133
52. PHYLLO-ÆGRULLER MED REJER OG AVOCADO......................136
53. GRØNTSAGS- OG GEDEOST PHYLLO-ÆGRULLER....................139
54. CHOKOLADE OG HINDBÆR PHYLLO ÆGGERULLER.................142
55. MIDDELHAVSPHYLLO-ÆGGERULLER...144
56. MEXICANSKE PHYLLO ÆGGERULLER..147
57. JORDBÆR OG FLØDEOST PHYLLO ÆGGERULLER...................150
RISPAPIRSRULLER..153
58. MANGO FORÅRSRULLER..154
59. GRØNNE ÆBLEFORÅRSRULLER MED KARAMELSAUCE..........157
60. BLANDET FRUGT MED JORDBÆRSAUCE...................................161
61. FORÅRSRULLER MED STRAWBERRY LEMONADE DIP.............164
62. DRAGON FRUIT RAINBOW ROLLS..167
63. RULLER AF RISPAPIR AF SVIN OG BASILIKUM..........................170
64. VIETNAMESISKE GRILLEDE SVINERULLER................................173

65. FEM-KRYDDERI SVINEKØD RISPAPIRRULLE...................................176
66. PULLED PORK OG KORIANDER RISPAPIRRULLER......................179
67. FORÅRSRULLER MED SVINEKØD OG REJER............................181
68. FRUGTRULLER MED CHOKOLADESAUCE....................................184
69. SAFRAN OG KOKOS RISPAPIR RULLER......................................187
70. TROPISK FRUGT SOMMERRULLER..189
71. RULLER AF RISPAPIR MED BÆR OG GRØNTSAGER..................192
72. SOMMERRULLER MED MORGENFRUER OG NASTURTIUMS.....196
73. BLOMSTERFORÅRSRULLER MED MANDEL-SOJASAUCE...........199
74. GRILLET OKSESALAT PAKKET IND I RISPAPIR.........................202
75. OKSEKØD OG QUINOA RULLER MED TAMARIND SAUCE........206
76. CITRONGRÆS OKSEKØD RISPAPIR RULLER..............................209
77. OKSEKØD BULGOGI FORÅRSRULLER...212
78. SATAY OKSEKØD RISPAPIR RULLER..216
79. MYNTEDE OKSEKØDSRISPAPIRRULLER.....................................219
80. SOMMERFUGLE ÆRTER SOMMERRULLER................................223
81. ROSE-INSPIREREDE RISPAPIRRULLER.......................................226
82. VIOLA RISPAPIRRULLER..229
83. SMUKKE STEDMODERBLOMSTER SOMMERRULLER..............232
84. SOUTHERN KING CRAB SPRING ROLL......................................235
85. SOMMERRULLER MED CHILE-LIME DIPPING SAUCE............238
86. GRØNTSAGSRULLER MED BAGT KRYDRET TOFU..................241
87. RULLER AF RISPAPIR MED SVAMPE..244
88. AVOCADO- OG GRØNTSAGSRISPAPIRRULLER........................247
89. REGNBUERULLER MED TOFU-PEANUTSAUCE.........................250
90. TOFU OG BOK CHOY RISPAPIRRULLER....................................253
91. PINK RISPAPIRRULLER MED TAMARINDIP...............................256
92. SOMMERRULLER I MEXICANSK STIL..259
93. STEGTE SKALDYRSFORÅRSRULLER..262
94. S RØGET HUMMER FORÅRSRULLE..266
95. REJER OG MICROGREEN WRAPS..269
96. HAMACHI FORÅRSRULLER MED LIME CHILESAUCE............271
97. TUNFORÅRSRULLER MED LIME OG SOJA................................275
98. LAKSERULLE MED KINESISK SORT BØNNESAUCE................278
99. RULLER AF RISPAPIR MED REJER...282
100. SASHIMI GRØNTSAGSRULLER..285

KONKLUSION..288

INTRODUKTION

Velkommen til "Forårsruller", hvor vi begiver os ud på en kulinarisk rejse for at udforske æggerullernes dejlige verden. Æggeruller, der stammer fra Østasien, er blevet en elsket appetitvækker over hele kloden, værdsat for deres sprøde ydre og smagfulde fyld. Uanset om du er en nybegynder kok eller en erfaren kok, er denne kogebog designet til at inspirere og løfte din forret med 100 læskende opskrifter.

I denne kogebog vil du opdage en bred vifte af æggerull-kreationer, der hver er sprængfyldt med unikke smage og ingredienser . Fra klassiske opskrifter med traditionelle asiatisk-inspirerede fyld som svinekød og kål til innovative twists med globale ingredienser og moderne kulinariske teknikker, der er noget, der frister enhver gane. Uanset om du foretrækker krydret eller sødt, krydret eller mildt, er der en æggerull-opskrift her til at tilfredsstille din trang.

Det, der adskiller denne kogebog, er dens vægt på kreativitet og alsidighed. Mens traditionelle æggeruller unægteligt er lækre, tilskynder denne kollektion til eksperimentering og udforskning i køkkenet. Med tilpassede fyld, dipsaucer og indpakningsteknikker har du friheden til at skræddersy hver opskrift, så den passer til dine smagspræferencer og diætbehov. Uanset om du er vært for en afslappet sammenkomst med venner eller forbereder et særligt måltid til din familie, vil disse æggerull-opskrifter helt sikkert imponere.

Igennem denne kogebog finder du trin-for-trin instruktioner, nyttige tips og smukke fotografier til at guide dig på dit kulinariske eventyr. Uanset om du ruller din første æggerulle eller finpudser dine færdigheder som en erfaren professionel, finder du alt, hvad du behøver for at skabe sprøde, smagfulde æggeruller, der får dine gæster til at trænge mere. Så forvarm din olie, slib din hakkekniv, og gør dig klar til at tage på en lækker rejse gennem æggerullernes verden .

KLASSISKE ÆGGERULLER

1. Reuben-æggeruller i New York-stil

INGREDIENSER:
- 8 æggeruller
- 1 kop corned beef, skåret i tynde skiver
- 1 kop surkål, drænet
- 1 kop schweizerost, revet
- Thousand Island dressing til dypning
- Vegetabilsk olie til stegning

INSTRUKTIONER:
a) Læg en æggerulleindpakning ud, og fyld med en lille mængde corned beef, surkål og schweizerost.
b) Rul i henhold til pakkens anvisninger, forsegl kanterne med vand.
c) Opvarm vegetabilsk olie i en gryde til 350°F (180°C), og steg æggerullerne, indtil de er gyldenbrune.
d) Server med Thousand Island dressing til dipping.

2. Bagte Thai Peanut Chicken Forårsruller

INGREDIENSER:
- ¼ rød peberfrugt
- Nonstick madlavningsspray
- 1 mellemstor gulerod
- 3 grønne løg
- 2 dl rotisserie kylling
- ¼ kop thailandsk jordnøddesauce
- 4 æggeruller

INSTRUKTIONER:
a) Forvarm airfryeren til 390 grader Fahrenheit.
b) Bland kyllingen med den thailandske chilisauce i en lillebitte pose.
c) Spred æggerullposerne ud på et klart, tørt bord.
d) Organiser ¼ af gulerod, rød peber og grøntsager over den nederste fjerdedel af en æggerulleindpakning.
e) En halv kop af kyllingeopløsningen kan hældes over grøntsagerne.
f) Brug tåge, fugt indpakningens udvendige overflader.
g) Træk indpakningens sider mod midten og krøl sikkert.
h) Læg æggerullerne i airfryeren og kog i otte minutter, indtil de er lyse gyldenbrune.
i) Bryd i to og brug mere thailandsk jordnøddesauce på siden til fyld.

3.Kreolsk svinekød og rejeæggeruller

INGREDIENSER:
- ½ pund hakket svinekød
- ¼ kop hakkede rødløg
- 2 spsk grøn peberfrugt i tern
- 1 tsk hakket hvidløg
- 2½ tsk kreolsk krydderi
- ½ pund mellemstore rå rejer, pillet, afvinet og groft hakket
- 1 pakke æggerull-indpakninger
- 1 æg, pisket, til forsegling af ruller
- 2 kopper vegetabilsk olie, til friturestegning

INSTRUKTIONER :
a) Brun det hakkede svinekød i en stor pande ved middel varme. Når det er brunet, drænes fedtet fra panden i en krukke og kasseres.
b) Tilsæt løg, peberfrugt, hvidløg og creolekrydderi. Kog indtil løgene og peberfrugterne er møre, tilsæt derefter rejerne og steg i 2 minutter mere. Sluk for varmen.
c) Læg æggerullerne på en flad overflade, tilsæt fyldet ovenpå, og rul derefter. Pensl æg på sømmene for at hjælpe med at forsegle rullerne.
d) Hæld vegetabilsk olie i en friture eller frituregryde. Fritér æggerullerne til de er flotte og gyldne.
e) Lad afkøle på en rist, og server derefter med din yndlingsdyppesauce.

4. Nem æggeruller

INGREDIENSER:
- 8 ounce hakket svinekød
- 6 spidskål, hvide og grønne dele adskilt og skåret tynde
- 3 fed hvidløg, hakket
- 2 tsk revet frisk ingefær
- 3 kopper (7 ounce) coleslaw blanding
- 4 ounce shiitakesvampe, opstammet og hakket
- 3 spsk sojasovs
- 1 spsk sukker
- 1 spsk destilleret hvid eddike
- 2 tsk ristet sesamolie
- 8 æggeruller
- 2 kopper vegetabilsk olie

INSTRUKTIONER:
a) Kog svinekød i en 12-tommer nonstick-gryde over medium-høj varme, indtil det ikke længere er lyserødt, cirka 5 minutter, og bryd kødet op med en træske.
b) Tilsæt spidskålshvider, hvidløg og ingefær og kog indtil dufter, cirka 1 minut.
c) Tilsæt coleslawblanding, svampe, sojasovs, sukker og eddike og kog indtil kålen lige er blødgjort, cirka 3 minutter.
d) Af varmen, rør sesamolie og spidskålsgrønt i. Overfør svinekødsblandingen til en stor tallerken, fordel den i et jævnt lag, og stil den på køl, indtil

den er kølig nok til at håndtere, cirka 5 minutter. Tør panden af med køkkenrulle.

e) Fyld lille skål med vand. Arbejd med en æggerulleindpakning ad gangen, orienter indpakningerne på disken, så det ene hjørne peger mod kanten af disken.

f) Placer let pakket ⅓ kop fyld på den nederste halvdel af omslaget, og form det med fingrene til en pæn cylindrisk form. Brug fingerspidserne til at fugte hele kanten af indpakningen med en tynd film vand.

g) Fold det nederste hjørne af omslaget op og over fyldet, og tryk det ned på den anden side af fyldet. Fold begge sidehjørner af indpakningen ind over fyldet, og tryk forsigtigt for at forsegle. Rul fyldet op over sig selv, indtil omslaget er helt forseglet. Lad æggerullens søm nedad på bordet og dæk med et fugtigt køkkenrulle, mens du fylder og former de resterende æggeruller.

h) Beklæd stor tallerken med tredobbelt lag køkkenrulle. Opvarm vegetabilsk olie i en nu tom stegepande over medium varme til 325 grader. Brug en tang til at placere alle æggeruller i stegepanden, med sømsiden nedad, og kog indtil de er gyldenbrune, 2 til 4 minutter per side. Overfør til forberedt tallerken og lad afkøle lidt, cirka 5 minutter. Tjene.

5.Skinke, ost og æggeruller

INGREDIENSER:
- 8 æg
- 1/4 kop hakket løg
- 1 spsk Smør
- friskkværnet sort peber og salt
- 1/4 kop peberfrugt i tern
- 1/2 kop skinke i tern
- 1/2 kop revet cheddarost

INSTRUKTIONER:
a) Indstil ovnen til 375°F.
b) Pisk æg, salt og peber i et fad.
c) Opløs smørret i en gryde over moderat ild.
d) Når grøntsagerne er blevet bløde, inkluderer du skinke i tern, løg og peberfrugt.
e) Læg skinken og grøntsagerne oven på æggeblandingen.
f) Kog æggene til de er stivnede, men let flydende.
g) Fjern stegepanden fra varmen og top æggene med revet ost.
h) Brug en spatel og fold forsigtigt æggene over osten.
i) Hæld æggeblandingen i æggeruller og rul dem stramt sammen.
j) Bag æggerullerne i 13 minutter, til de er sprøde og gyldenbrune.

6. Grøntsagsæggeruller

INGREDIENSER:
- 1 til 2 teskefulde rapsolie
- 1 kop revet kål
- 1 kop revet gulerødder
- 1 kop bønnespirer
- 1/2 kop finthakkede svampe (enhver type)
- 1/2 kop skåret spidskål
- 2 tsk chilipasta
- 1/2 tsk malet ingefær
- 1/4 kop sojasovs med lavt natriumindhold eller tamari
- 2 tsk kartoffelstivelse
- 8 veganske æggerull-indpakninger

INSTRUKTIONER:
a) I en stor stegepande opvarmes olien over medium-høj varme. Tilsæt kål, gulerødder, bønnespirer, svampe, spidskål, chilipasta og ingefær. Sauter i 3 minutter.

b) I en lille skål eller et målebæger piskes sojasovsen og kartoffelstivelsen sammen. Hæld denne blanding i gryden og kombiner med grøntsagerne.

c) Læg æggerullerne ud på en arbejdsflade. Børst let kanterne med vand. Placer 1/4 kop af fyldet i den ene ende af indpakningen. Begynd at rulle indpakningen over grøntsagerne, og stik enderne ind efter den første rulle. Gentag denne proces med de resterende indpakninger og fyldet.

d) Overfør æggerullerne til airfryer-kurven. Kog ved 360°F i 6 minutter, mens du ryster halvvejs i tilberedningstiden.

7. Brystæggeruller

INGREDIENSER:
- 1 kop kogt bryst, strimlet
- Æggerulleindpakninger
- 1/2 kop revet kål
- 1/4 kop revet gulerødder
- 2 grønne løg, skåret i tynde skiver
- Sojasovs til dypning

INSTRUKTIONER:
a) I en skål, kombiner den strimlede bryst, strimlet kål, strimlede gulerødder og snittede grønne løg.
b) Læg en æggerulleindpakning fladt på en ren overflade.
c) Læg en skefuld af brystblandingen på det ene hjørne af indpakningen.
d) Rul hjørnet med fyldet stramt, stik siderne ind efterhånden.
e) Fugt kanterne af indpakningen med vand for at forsegle.
f) Gentag med de resterende omslag og fyld.
g) Opvarm olie i en dyb stegepande eller frituregryde til 350°F (175°C).
h) Læg forsigtigt æggerullerne i den varme olie og steg dem gyldenbrune og sprøde, cirka 2-3 minutter på hver side.
i) Fjern fra olien og afdryp på en plade beklædt med køkkenrulle.
j) Serveres varm med sojasovs til dypning.

8. Avocado æggeruller

INGREDIENSER:

- 2 store avocadoer
- 2 strimler bacon, kogt og hakket
- 1/4 rødløg, i tern
- 2 fed hvidløg, hakket
- 1 spsk koriander, hakket
- Saft en halv lime
- 1/2 tsk salt
- 1/4 tsk sort peber (udelad for AIP)
- 4 kokos wraps
- Avocadoolie til børstning af wraps

INSTRUKTIONER:

a) Mos avocadoen i en mellemstor skål og kombiner den med bacon, rødløg, koriander, hvidløg, salt, peber og limesaft. Sæt til side.
b) Tilføj en fjerdedel af fyldet i midten af hver kokoswrap, pas på ikke at overfylde.
c) Rul wrapen ved at folde den nederste kant op omkring en tredjedel af vejen, derefter folde de to hjørner ind og rulle æggerullen stramt.
d) Tilføj en klat vand til kanten af æggerullen for at forsegle. Gentag med hver af de 4 coconut wraps.
e) Forvarm airfryeren til 250 F, og tilbered æggerullerne ved meget let at pensle med avocadoolie.
f) Læg æggerullerne i airfryeren og sæt dem i 4-5 minutter.
g) Fjern forsigtigt fra airfryeren med en tang.

h) Lad den køle lidt af, før den serveres alene eller med en side som f.eks. en cremefraiche-dip eller en korianderlimedressing.

9.Reje- og kålægruller Wraps

INGREDIENSER:
- 2 spsk olivenolie
- 1 gulerod, skåret i strimler
- 1-tommer stykke frisk ingefær, revet
- 1 spsk hakket hvidløg
- 2 spsk sojasovs
- ¼ kop hønsebouillon
- 1 spsk sukker
- 1 kop strimlet napakål
- 1 spsk sesamolie
- 8 kogte rejer, hakket
- 8 æggeruller
- 1 æg, pisket
- Madlavningsspray

INSTRUKTIONER:
a) Sprøjt airfryer-kurven med madlavningsspray. Sæt til side.
b) Opvarm olivenolien i en nonstick-gryde ved middel varme, indtil den skinner.
c) Tilsæt gulerod, ingefær og hvidløg og svits i 2 minutter eller indtil dufter.
d) Hæld sojasauce, bouillon og sukker i. Bring i kog. Bliv ved med at røre.
e) Tilsæt kålen og lad det simre i 4 minutter eller indtil kålen er mør.
f) Sluk for varmen og bland sesamolien i. Lad sidde i 15 minutter.

g) Brug en si til at fjerne grøntsagerne fra væsken, og kom derefter sammen med de hakkede rejer.

h) Fold æggerullerne ud på en ren arbejdsflade, og del derefter rejeblandingen i midten af omslagene.

i) Dup kanterne af en indpakning med det sammenpiskede æg, fold derefter et hjørne over fyldet og stik hjørnet ind under fyldet. Fold venstre og højre hjørne ind i midten. Rul omslaget op og tryk for at forsegle. Gentag med de resterende omslag.

j) Arranger indpakningerne i gryden og sprøjt med madlavningsspray.

k) Sæt airfryer-kurven på bradepanden og skub den ind i Rack Position 2, vælg Air Fry, indstil temperaturen til 370°F (188°C) og indstil tiden til 12 minutter.

l) Vend indpakningerne halvvejs i tilberedningstiden.

m) Når tilberedningen er færdig, skal indpakningerne være gyldne.

n) Server straks.

10. Air Fried Philly Cheesesteaks

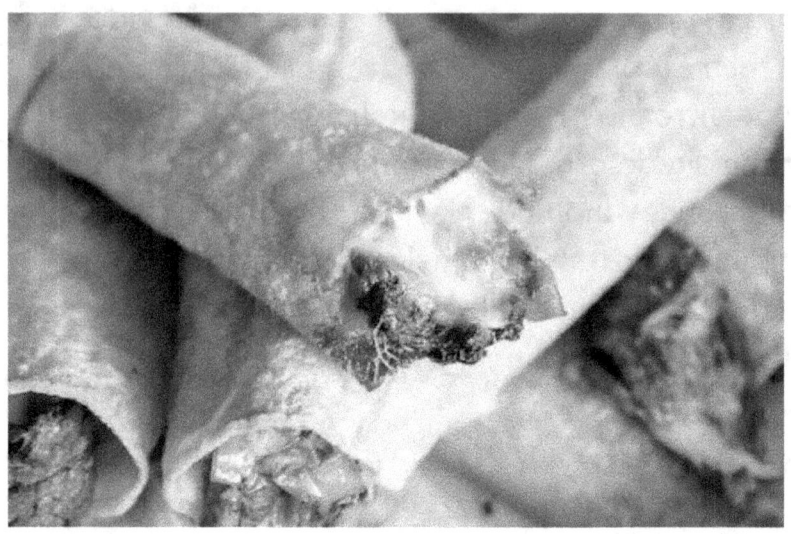

INGREDIENSER:
- 12 ounce (340 g) udbenet rib-eye bøf, skåret i tynde skiver
- ½ tsk Worcestershire sauce
- ½ tsk sojasovs
- Kosher salt og kværnet sort peber efter smag
- ½ grøn peberfrugt, stilket, fritstillet og skåret i tynde skiver
- ½ lille løg, halveret og skåret i tynde skiver
- 1 spiseskefuld vegetabilsk olie
- 2 bløde hoagie-ruller, delt tre fjerdedele af vejen igennem
- 1 spsk smør, blødgjort
- 2 skiver provolone ost, halveret

INSTRUKTIONER:
a) Kombiner bøf, Worcestershire sauce, sojasauce, salt og kværnet sort peber i en stor skål. Kast for at belægge godt. Sæt til side.

b) Kombiner peberfrugt, løg, salt, kværnet sort peber og vegetabilsk olie i en separat skål. Vend rundt for at dække grøntsagerne godt.

c) Læg bøffen og grøntsagerne i airfryer-kurven.

d) Sæt airfryer-kurven på bradepanden og skub ind i Rack Position 2, vælg Air Fry, indstil temperaturen til 400°F (205°C) og indstil tiden til 15 minutter.

e) Når den er tilberedt, bliver bøffen brunet, og grøntsagerne bliver møre. Flyt dem over på en tallerken. Sæt til side.

f) Pensl hoagierullerne med smør og læg dem i kurven.
g) Vælg Toast og indstil tiden til 3 minutter. Vend tilbage til ovnen. Når de er færdige, skal rullerne være let brunede.
h) Overfør rullerne til en ren arbejdsflade og fordel bøf- og grøntsagsblandingen mellem rullerne. Smør med ost. Overfør de fyldte ruller til kurven.
i) Vælg Air Fry og indstil tiden til 2 minutter. Vend tilbage til ovnen. Når den er færdig, skal osten smeltes.
j) Server straks.

11. Avocado og tomatæggeruller

INGREDIENSER:
- 10 æggeruller
- 3 avocadoer, skrællet og udstenet
- 1 tomat, i tern
- Salt og kværnet sort peber efter smag
- Madlavningsspray

INSTRUKTIONER:
a) Sprøjt airfryer-kurven med madlavningsspray.
b) Kom tomat og avocado i en foodprocessor. Drys med salt og kværnet sort peber. Puls for at blande og mos groft indtil glat.
c) Fold indpakningerne ud på en ren arbejdsflade, og del derefter blandingen i midten af hver indpakning. Rul omslaget op og tryk for at forsegle.
d) Overfør rullerne til gryden og sprøjt med madlavningsspray.
e) Sæt airfryer-kurven på bradepanden og skub ind i Rack Position 2, vælg Air Fry, indstil temperaturen til 350°F (180°C) og indstil tiden til 5 minutter.
f) Vend rullerne halvvejs i kogetiden.
g) Når de er kogt, skal rullerne være gyldenbrune.
h) Server straks.

12. Luftstegte sprøde forårsruller

INGREDIENSER:

- 4 forårsrullepapir
- ½ kop kogte vermicelli nudler
- 1 tsk sesamolie
- 1 spsk friskhakket ingefær
- 1 spsk sojasovs
- 1 fed hvidløg, hakket
- ½ rød peberfrugt, kernet ud og hakket
- ½ kop hakket gulerod
- ½ kop hakkede svampe
- ¼ kop hakket spidskål
- Madlavningsspray

INSTRUKTIONER:

a) Sprøjt airfryer-kurven med madlavningsspray og stil til side.

b) Varm sesamolien op i en gryde ved middel varme. Sauter ingefær og hvidløg i sesamolien i 1 minut, eller indtil dufter. Tilsæt sojasauce, rød peberfrugt, gulerod, champignon og spidskål. Sauter i 5 minutter eller indtil grøntsagerne er møre. Bland vermicelli nudler i. Sluk for varmen og tag dem ud af gryden. Lad afkøle i 10 minutter.

c) Læg en forårsrulleindpakning ud med et hjørne pegende mod dig. Hæld nudelblandingen på forårsrullepapir og fold hjørnet op over blandingen. Fold venstre og højre hjørne ind mod midten, og fortsæt med at rulle for at lave fast forseglede ruller.

d) Anret forårsrullerne i gryden og drys med madlavningsspray.
e) Sæt airfryer-kurven på bradepanden og skub den ind i Rack Position 2, vælg Air Fry, indstil temperaturen til 340°F (171°C) og indstil tiden til 12 minutter.
f) Vend forårsrullerne halvvejs i kogetiden.
g) Når de er færdige, vil forårsrullerne være gyldenbrune og sprøde.
h) Serveres varm.

13. Kål og svampe forårsruller

INGREDIENSER:
- 2 spiseskefulde vegetabilsk olie
- 4 kopper Napa-kål i skiver
- 5 ounce (142 g) shiitakesvampe i tern
- 3 gulerødder, skåret i tynde tændstik
- 1 spsk hakket frisk ingefær
- 1 spsk hakket hvidløg
- 1 bundt spidskål, kun hvide og lysegrønne dele, skåret i skiver
- 2 spsk sojasovs
- 1 (4-ounce / 113-g) pakke cellofan nudler
- ¼ tsk majsstivelse
- 1 (12-ounce / 340-g) pakke frosne forårsrulleindpakninger, optøet
- Madlavningsspray

INSTRUKTIONER:
a) Opvarm olivenolien i en nonstick-gryde over medium-høj varme, indtil den skinner.
b) Tilsæt kål, svampe og gulerødder og sauter i 3 minutter eller indtil de er møre.
c) Tilsæt ingefær, hvidløg og spidskål og svits i 1 minut eller indtil dufter.
d) Bland sojasaucen i og sluk for varmen. Kassér eventuelle væskerester i gryden og lad det køle af i et par minutter.
e) Bring en gryde med vand i kog, sluk så for varmen og hæld nudlerne i. Lad sidde i 10 minutter eller indtil nudlerne er al dente. Overfør 1 kop af nudlerne i gryden

og vend med de kogte grøntsager. Reserver de resterende nudler til anden brug.

f) Opløs majsstivelsen i et lille fad med vand, og læg derefter indpakningerne på en ren arbejdsflade. Dup kanterne af indpakningen med majsstivelse.

g) Tag 3 spiseskefulde fyld op i midten af hver indpakning, og fold derefter hjørnet foran dig over fyldet. Stik indpakningen under fyldet, og fold derefter hjørnerne på begge sider ind i midten. Fortsæt med at rulle for at forsegle indpakningen. Gentag med de resterende omslag.

h) Sprøjt airfryer-kurven med madlavningsspray. Arranger indpakningerne i gryden og sprøjt med madlavningsspray.

i) Sæt airfryer-kurven på bradepanden og skub ind i Rack Position 2, vælg Air Fry, indstil temperaturen til 400°F (205°C) og indstil tiden til 10 minutter.

j) Vend indpakningerne halvvejs i tilberedningstiden.

k) Når tilberedningen er færdig, vil indpakningen være gyldenbrun.

l) Server straks.

14. Sprøde kyllingæggeruller

INGREDIENSER:
- 1 pund (454 g) malet kylling
- 2 tsk olivenolie
- 2 fed hvidløg, hakket
- 1 tsk revet frisk ingefær
- 2 kopper hvidkål, strimlet
- 1 løg, hakket
- $\frac{1}{4}$ kop sojasovs
- 8 æggeruller
- 1 æg, pisket
- Madlavningsspray

INSTRUKTIONER:
a) Sprøjt airfryer-kurven med madlavningsspray.
b) Varm olivenolie op i en gryde ved middel varme. Svits hvidløg og ingefær i olivenolien i 1 minut, eller indtil dufter. Kom den malede kylling i gryden. Sauter i 5 minutter, eller indtil kyllingen er gennemstegt. Tilsæt kål, løg og sojasovs og sauter i 5 til 6 minutter, eller indtil grøntsagerne er blevet bløde. Tag gryden af varmen.
c) Fold æggerullerne ud på en ren arbejdsflade. Fordel kyllingeblandingen mellem indpakningerne og pensl kanterne af indpakningerne med det sammenpiskede æg. Rul æggerullerne stramt sammen, og omslut fyldet. Arranger rullerne i gryden.
d) Sæt airfryer-kurven på bradepanden og skub den ind i Rack Position 2, vælg Air Fry, indstil temperaturen til 370°F (188°C) og indstil tiden til 12 minutter.

e) Vend rullerne halvvejs i kogetiden.
f) Når de er kogt, vil rullerne være sprøde og gyldenbrune.
g) Overfør til et fad og lad afkøle i 5 minutter før servering.

15. Æggeruller med svinekød og svampe

INGREDIENSER:
FORÅRSRULLER:
- 1 spsk mirin
- 3 spsk sojasovs, delt
- 1 pund (454 g) hakket svinekød
- 3 spiseskefulde vegetabilsk olie, plus mere til børstning
- 5 ounce (142 g) shiitakesvampe, hakket
- 4 kopper strimlet Napa-kål
- $\frac{1}{4}$ kop skåret spidskål
- 1 tsk revet frisk ingefær
- 1 fed hvidløg, hakket
- $\frac{1}{4}$ tsk majsstivelse
- 1 (1-pund / 454-g) pakke frosne æggerull-indpakninger, optøet

DIPPESAUCE:
- 1 spidskål, kun hvide og lysegrønne dele, skåret i skiver
- $\frac{1}{4}$ kop riseddike
- $\frac{1}{4}$ kop sojasovs
- Knib sesamfrø
- Knib røde peberflager
- 1 tsk granuleret sukker

INSTRUKTIONER:
a) Beklæd airfryer-kurven med bagepapir. Sæt til side.
b) Kombiner mirin og 1 spsk sojasovs i en stor skål. Rør for at blande godt.

c) Dunk det hakkede svinekød i blandingen og rør rundt for at blande godt. Pak skålen ind i plastik og mariner i køleskabet i mindst 10 minutter.

d) Opvarm vegetabilsk olie i en nonstick-gryde over medium-høj varme, indtil den skinner. Tilsæt svampe, kål og spidskål og svits i 5 minutter eller indtil de er møre.

e) Tilsæt det marinerede kød, ingefær, hvidløg og de resterende 2 spsk sojasovs. Sauter i 3 minutter, eller indtil svinekødet er let brunet. Sluk for varmen og lad den køle af, indtil den skal bruges.

f) Kom majsstivelsen i en lille skål og hæld nok vand i til at opløse majsstivelsen. Sæt skålen ved siden af en ren arbejdsflade.

g) Læg æggerullerne i kurven.

h) Sæt airfryer-kurven på bradepanden og skub ind i Rack Position 2, vælg Air Fry, indstil temperaturen til 400°F (205°C) og indstil tiden til 15 minutter.

i) Vend indpakningerne halvvejs i tilberedningstiden.

j) Når de er kogt, vil indpakningerne være gyldenbrune. Tag æggerullerne ud af ovnen og lad dem køle af i 10 minutter, eller indtil du kan håndtere dem med hænderne.

k) Læg en æggerulleindpakning ud på arbejdsfladen med et hjørne pegende mod dig. Læg 2 spiseskefulde af svinekødsblandingen på æggerullen og fold hjørnet op over blandingen. Fold venstre og højre hjørne ind mod midten og fortsæt med at rulle. Pensl lidt af den opløste majsstivelse på det sidste hjørne for at hjælpe med at forsegle æggeemballagen. Gentag med de resterende indpakninger for at lave 25 æggeruller i alt.

l) Arranger rullerne i kurven og pensl rullerne med mere vegetabilsk olie.

m) Vælg Air Fry og indstil tiden til 10 minutter. Vend tilbage til ovnen. Når de er færdige, skal rullerne være godt brunede og sprøde.

n) Imens kombineres ingredienserne til dipsaucen i en lille skål. Rør for at blande godt.

o) Server rullerne med dipsaucen med det samme.

16. Fantastiske æggeruller

INGREDIENSER:
- 6 kopper kål, strimlet
- 1 gulerod, revet
- 1/2 kop friske bønnespirer
- 1 bladselleri, skåret i tern
- 2 spsk hakket løg
- 1 (4-ounce) dåse rejer, drænet
- 2 spsk sojasovs
- 1 knivspids sort peber efter smag
- 1 æg, pisket
- 1 spsk majsstivelse
- 20 hver æggerull-indpakning
- 1 liter vegetabilsk olie til stegning

INSTRUKTIONER:
a) I en stor skål blandes kål, gulerødder, spirer, selleri og løg sammen. Rør rejer, sojasovs, hvidløgspulver og sort peber i.
b) Hæld sammenpisket æg i en stegepande placeret over medium varme; kog fladt og tyndt, vend én gang, indtil det er færdigt. Fjern fra panden, afkøl og hak fint. Rør æg i kålblandingen.
c) Drys toppen med majsstivelse, bland og lad det sidde i ti minutter.
d) Placer flere 3 spiseskefulde af rejeblandingen i midten af en æggerulleskind. Dyp en ske i vand- og majsstivelsesblandingen, og fugt alle hjørner alligevel det nederste hjørne.
e) Fold æggerullen og steg til den er gylden.

17. Cha Gio vietnamesiske æggeruller

INGREDIENSER:
- 1 kop ukogte bønnetråde
- 1 stor tørret shiitakesvamp
- 1 pund hakket svinekød hakket svinekød
- 1/2 pund hakkede rejer
- 1 gulerod stor gulerod skrællet
- 1 skalotteløg lille skalotteløg hakket
- 2 tsk sauce
- 1 tsk sukker hvidt sukker
- 1 teskefulde salt
- 1 teskefulde sort peber r
- 24 æggeruller hver æggerull-indpakning
- 1 pisket æg
- 1 liter olie til friturestegning

INSTRUKTIONER:
a) Kombiner vermicelli, shiitake, svinekød, rejer, gulerod, skalotteløg, fiskesauce, sukker, salt og peber i en stor skål. Vend godt rundt for at dele svinekødet og fordel fyldets ingredienser jævnt.

b) Læg 1 æggerulleindpakning diagonalt på en fast overflade. Fordel sparsomme 2 spsk fyld over indvoldene på indpakningen. Folde

c) Opvarm olie i en frituregryde, wok eller stor gryde til 350 grader F (175 grader C), eller indtil en dråbe vand hopper i toppen

d) Steg æggeruller, indtil de er gyldenbrune, 5 til 8 minutter. Afdryp på køkkenrulle eller papirposer.

18. Søde og sure kyllingæggeruller

INGREDIENSER:
- 1 kop kogt kylling, strimlet
- 1 kop revet kål
- 1/2 kop revet gulerødder
- 1/4 kop hakkede grønne løg
- 1/4 kop sød og sur sauce
- Æggerulleindpakninger
- Olie til stegning

INSTRUKTIONER:
a) I en skål blandes den kogte kylling, kål, gulerødder, grønne løg og sød og sur sauce, indtil den er godt blandet.
b) Læg en skefuld af kyllingeblandingen på midten af hver æggerulleindpakning.
c) Fold det nederste hjørne af indpakningen over fyldet, fold derefter siderne ind, og rul stramt.
d) Fugt det øverste hjørne af indpakningen med vand for at forsegle æggerullen.
e) Opvarm olie i en frituregryde eller stegepande til 350°F (175°C).
f) Steg æggerullerne i omgange, indtil de er gyldenbrune og sprøde, cirka 3-4 minutter pr.
g) Fjern fra olien og afdryp på køkkenrulle. Serveres varm med ekstra sød og sur sauce til dypning.

19. Buffalo Chicken Forårsruller

INGREDIENSER:
- 1 kop kogt strimlet kylling
- 1/4 kop bøffelsauce
- 1/4 kop ranch- eller blåskimmelostdressing
- 1/2 kop revet mozzarellaost
- 1/4 kop hakket selleri
- Æggerulleindpakninger
- Olie til stegning

INSTRUKTIONER:
a) I en skål kombineres strimlet kylling, bøffelsauce, ranch- eller blåskimmelostdressing, mozzarellaost og hakket selleri, indtil det er godt blandet.
b) Læg en skefuld af kyllingeblandingen på midten af hver æggerulleindpakning.
c) Fold det nederste hjørne af indpakningen over fyldet, fold derefter siderne ind, og rul stramt.
d) Fugt det øverste hjørne af indpakningen med vand for at forsegle æggerullen.
e) Opvarm olie i en friituregryde eller stegepande til 350°F (175°C).
f) Steg æggerullerne i omgange, indtil de er gyldenbrune og sprøde, cirka 3-4 minutter pr.
g) Fjern fra olien og afdryp på køkkenrulle. Serveres varm med ekstra bøffelsauce eller ranchdressing til dypning.

20. Tex-mex æggeruller

INGREDIENSER:
- 1 kop kogt hakkebøf eller kalkun
- 1/2 kop sorte bønner, drænet og skyllet
- 1/2 kop majskerner
- 1/2 kop peberfrugt i tern
- 1/4 kop hakkede løg
- 1 tsk chilipulver
- 1/2 tsk spidskommen
- Salt og peber efter smag
- Æggerulleindpakninger
- Olie til stegning

INSTRUKTIONER:
a) I en stegepande koges hakkebøffer eller kalkun ved middel varme, indtil de er brune. Dræn overskydende fedt.

b) Tilsæt de sorte bønner, majs, peberfrugt, løg, chilipulver, spidskommen, salt og peber til stegepanden. Kog i yderligere 3-4 minutter, indtil grøntsagerne er bløde.

c) Læg en skefuld af blandingen på midten af hver æggerulleindpakning.

d) Fold det nederste hjørne af indpakningen over fyldet, fold derefter siderne ind, og rul stramt.

e) Fugt det øverste hjørne af indpakningen med vand for at forsegle æggerullen.

f) Opvarm olie i en friturergryde eller stegepande til 350°F (175°C).

g) Steg æggerullerne i omgange, indtil de er gyldenbrune og sprøde, cirka 3-4 minutter pr.

h) Fjern fra olien og afdryp på køkkenrulle. Serveres varm med salsa, guacamole eller creme fraiche til dypning.

i) Nyd at prøve disse nye æggerull-opskrifter!

21. Svampe- og spinatæggeruller

INGREDIENSER:
- 1 kop hakkede svampe
- 1 kop hakket spinat
- 1/2 kop revet mozzarellaost
- 2 fed hvidløg, hakket
- 1 tsk sojasovs
- Salt og peber efter smag
- Æggerulleindpakninger
- Olie til stegning

INSTRUKTIONER:
a) Svits de hakkede svampe og hvidløg i en stegepande, indtil de er bløde.
b) Tilsæt den hakkede spinat i gryden og kog indtil den er visnet.
c) Rør sojasovsen, salt og peber i. Fjern fra varmen og lad afkøle lidt.
d) Læg en skefuld af svampe- og spinatblandingen på midten af hver æggerulleindpakning.
e) Drys revet mozzarellaost ovenpå blandingen.
f) Fold det nederste hjørne af indpakningen over fyldet, fold derefter siderne ind, og rul stramt.
g) Fugt det øverste hjørne af indpakningen med vand for at forsegle æggerullen.
h) Opvarm olie i en frituregryde eller stegepande til 350°F (175°C).
i) Steg æggerullerne i omgange, indtil de er gyldenbrune og sprøde, cirka 3-4 minutter pr.

j) Fjern fra olien og afdryp på køkkenrulle. Serveres varm med din yndlingsdipsauce.

22. Caprese æggeruller

INGREDIENSER:
- 1 kop hakkede tomater
- 1/2 kop frisk mozzarellaost i tern
- 1/4 kop hakket frisk basilikum
- 2 spsk balsamico glasur
- Salt og peber efter smag
- Æggerulleindpakninger
- Olie til stegning

INSTRUKTIONER:
a) Kombiner de hakkede tomater, frisk mozzarellaost, hakket basilikum, balsamicoglasur, salt og peber i en skål.

b) Læg en skefuld af caprese-blandingen på midten af hver æggerulleindpakning.

c) Fold det nederste hjørne af indpakningen over fyldet, fold derefter siderne ind, og rul stramt.

d) Fugt det øverste hjørne af indpakningen med vand for at forsegle æggerullen.

e) Opvarm olie i en frituregryde eller stegepande til 350°F (175°C).

f) Steg æggerullerne i omgange, indtil de er gyldenbrune og sprøde, cirka 3-4 minutter pr.

g) Fjern fra olien og afdryp på køkkenrulle. Serveres varm med ekstra balsamicoglasur til dypning.

23. Æggeruller med pølse og peber

INGREDIENSER:
- 1 kop kogt italiensk pølse, smuldret
- 1/2 kop peberfrugt i tern (rød, grøn og/eller gul)
- 1/4 kop hakkede løg
- 1/2 kop revet mozzarellaost
- 1 tsk italiensk krydderi
- Salt og peber efter smag
- Æggerulleindpakninger
- Olie til stegning

INSTRUKTIONER:
a) Svits de hakkede peberfrugter og løg i en stegepande, indtil de er bløde.

b) Tilsæt den kogte italienske pølse til stegepanden og kog indtil den er gennemvarme.

c) Rør det italienske krydderi, salt og peber i. Fjern fra varmen og lad afkøle lidt.

d) Læg en skefuld af pølse- og peberblandingen på midten af hver æggerulleindpakning.

e) Drys revet mozzarellaost ovenpå blandingen.

f) Fold det nederste hjørne af indpakningen over fyldet, fold derefter siderne ind, og rul stramt.

g) Fugt det øverste hjørne af indpakningen med vand for at forsegle æggerullen.

h) Opvarm olie i en frituregryde eller stegepande til 350°F (175°C).

i) Steg æggerullerne i omgange, indtil de er gyldenbrune og sprøde, cirka 3-4 minutter pr.

j) Fjern fra olien og afdryp på køkkenrulle. Serveres varm med marinara sauce til dypning.

24. Græsk-inspirerede æggeruller

INGREDIENSER:
- 1 kop kogt gyrokød i tern
- 1/2 kop hakket spinat
- 1/4 kop hakkede tomater
- 1/4 kop smuldret fetaost
- 2 spsk hakkede kalamata-oliven
- 1 tsk tørret oregano
- Salt og peber efter smag
- Æggerulleindpakninger
- Olie til stegning

INSTRUKTIONER:
a) I en skål kombineres gyrokød i tern, hakket spinat, hakkede tomater, smuldret fetaost, hakkede kalamata-oliven, tørret oregano, salt og peber.

b) Læg en skefuld af blandingen på midten af hver æggerulleindpakning.

c) Fold det nederste hjørne af indpakningen over fyldet, fold derefter siderne ind, og rul stramt.

d) Fugt det øverste hjørne af indpakningen med vand for at forsegle æggerullen.

e) Opvarm olie i en frituregryde eller stegepande til 350°F (175°C).

f) Steg æggerullerne i omgange, indtil de er gyldenbrune og sprøde, cirka 3-4 minutter pr.

g) Fjern fra olien og afdryp på køkkenrulle. Serveres varm med tzatziki sauce til dypning.

25. Spinat og Artiskok Dip Æggeruller

INGREDIENSER:
- 1 kop hakket spinat
- 1 kop hakkede artiskokhjerter på dåse, drænet
- 1/2 kop revet mozzarellaost
- 1/4 kop revet parmesanost
- 1/4 kop flødeost, blødgjort
- 1/4 kop creme fraiche
- 1 fed hvidløg, hakket
- Salt og peber efter smag
- Æggerulleindpakninger
- Olie til stegning

INSTRUKTIONER:

a) I en skål blandes den hakkede spinat, hakkede artiskokhjerter, revet mozzarellaost, revet parmesanost, blødgjort flødeost, creme fraiche, hakket hvidløg, salt og peber sammen, indtil det er godt blandet.

b) Læg en skefuld af spinat- og artiskokdipblandingen på midten af hver æggerulleindpakning.

c) Fold det nederste hjørne af indpakningen over fyldet, fold derefter siderne ind, og rul stramt.

d) Fugt det øverste hjørne af indpakningen med vand for at forsegle æggerullen.

e) Opvarm olie i en frituregryde eller stegepande til 350°F (175°C).

f) Steg æggerullerne i omgange, indtil de er gyldenbrune og sprøde, cirka 3-4 minutter pr.

g) Fjern fra olien og afdryp på køkkenrulle. Serveres varm med marinara sauce eller ranchdressing til dypning.

26. Tex-Mex morgenmadsæggeruller

INGREDIENSER:
- 1 kop kogt morgenmadspølse, smuldret
- 1/2 kop røræg
- 1/4 kop peberfrugt i tern (rød, grøn og/eller gul)
- 1/4 kop hakkede løg
- 1/2 kop revet cheddarost
- 1 tsk tacokrydderi
- Salt og peber efter smag
- Æggerulleindpakninger
- Olie til stegning

INSTRUKTIONER:
a) Kombiner smuldret morgenmadspølse, røræg, peberfrugt i tern, hakkede løg, revet cheddarost, tacokrydderi, salt og peber i en stegepande.
b) Placer en skefuld af Tex-Mex morgenmadsblandingen på midten af hver æggerulleindpakning.
c) Fold det nederste hjørne af indpakningen over fyldet, fold derefter siderne ind, og rul stramt.
d) Fugt det øverste hjørne af indpakningen med vand for at forsegle æggerullen.
e) Opvarm olie i en frituregryde eller stegepande til 350°F (175°C).
f) Steg æggerullerne i omgange, indtil de er gyldenbrune og sprøde, cirka 3-4 minutter pr.
g) Fjern fra olien og afdryp på køkkenrulle. Serveres varm med salsa eller creme fraiche til dypning.

27. Middelhavsæggeruller

INGREDIENSER:
- 1 kop kogt kylling, strimlet
- 1/2 kop hakkede soltørrede tomater
- 1/4 kop hakkede sorte oliven
- 1/4 kop smuldret fetaost
- 2 spsk hakket frisk basilikum
- 1 spsk olivenolie
- Salt og peber efter smag
- Æggerulleindpakninger
- Olie til stegning

INSTRUKTIONER:

a) I en skål blandes den strimlede kylling, hakkede soltørrede tomater, hakkede sorte oliven, smuldret fetaost, hakket frisk basilikum, olivenolie, salt og peber sammen, indtil det er godt blandet.

b) Læg en skefuld af middelhavsblandingen på midten af hver æggerulleindpakning.

c) Fold det nederste hjørne af indpakningen over fyldet, fold derefter siderne ind, og rul stramt.

d) Fugt det øverste hjørne af indpakningen med vand for at forsegle æggerullen.

e) Opvarm olie i en frituregryde eller stegepande til 350°F (175°C).

f) Steg æggerullerne i omgange, indtil de er gyldenbrune og sprøde, cirka 3-4 minutter pr.

g) Fjern fra olien og afdryp på køkkenrulle. Serveres varm med tzatziki sauce til dypning.

28. Buffalo blomkål æggeruller

INGREDIENSER:
- 2 kopper blomkålsbuketter
- 1/4 kop bøffelsauce
- 1/4 kop blåskimmelost eller ranchdressing
- 1/4 kop selleri i tern
- 1/4 kop rødløg i tern
- 1/2 kop revet cheddarost
- Salt og peber efter smag
- Æggerulleindpakninger
- Olie til stegning

INSTRUKTIONER:
a) Forvarm ovnen til 425°F (220°C). Beklæd en bageplade med bagepapir.
b) Vend blomkålsbuketter med bøffelsauce, indtil de er jævnt dækket. Bred dem ud på den forberedte bageplade.
c) Rist blomkålen i den forvarmede ovn i 20-25 minutter, eller indtil den er mør og let sprød.
d) I en skål kombineres ristet blomkål, blåskimmelost eller ranchdressing, selleri i tern, rødløg i tern, revet cheddarost, salt og peber.
e) Læg en skefuld af bøffel-blomkålsblandingen på midten af hver æggerulleindpakning.
f) Fold det nederste hjørne af indpakningen over fyldet, fold derefter siderne ind, og rul stramt.
g) Fugt det øverste hjørne af indpakningen med vand for at forsegle æggerullen.

h) Opvarm olie i en frituregryde eller stegepande til 350°F (175°C).

i) Steg æggerullerne i omgange, indtil de er gyldenbrune og sprøde, cirka 3-4 minutter pr.

j) Fjern fra olien og afdryp på køkkenrulle. Serveres varm med ekstra bøffelsauce eller blåskimmelostdressing til dypning.

29. Cheeseburger æggeruller

INGREDIENSER:
- 1 kop kogt hakkebøf
- 1/2 kop hakkede tomater
- 1/4 kop hakkede løg
- 1/2 kop revet cheddarost
- 2 spsk ketchup
- 1 spsk sennep
- Salt og peber efter smag
- Æggerulleindpakninger
- Olie til stegning

INSTRUKTIONER:
a) Kombiner det kogte hakkekød, hakkede tomater, hakkede løg, revet cheddarost, ketchup, sennep, salt og peber i en stegepande.
b) Læg en skefuld af cheeseburgerblandingen på midten af hver æggerulleindpakning.
c) Fold det nederste hjørne af indpakningen over fyldet, fold derefter siderne ind, og rul stramt.
d) Fugt det øverste hjørne af indpakningen med vand for at forsegle æggerullen.
e) Opvarm olie i en friturgryde eller stegepande til 350°F (175°C).
f) Steg æggerullerne i omgange, indtil de er gyldenbrune og sprøde, cirka 3-4 minutter pr.
g) Fjern fra olien og afdryp på køkkenrulle. Serveres varm med ketchup og sennep til dypning.

30. Teriyaki kyllingæggeruller

INGREDIENSER:

- 1 kop kogt kylling, strimlet
- 1/4 kop teriyaki sauce
- 1/4 kop ananas i tern
- 1/4 kop revet gulerødder
- 2 spsk hakkede grønne løg
- Salt og peber efter smag
- Æggerulleindpakninger
- Olie til stegning

INSTRUKTIONER:

a) I en skål blandes den strimlede kylling, teriyakisauce, ananas i tern, revne gulerødder, hakkede grønne løg, salt og peber, indtil de er godt blandet.

b) Læg en skefuld af teriyaki-kyllingblandingen på midten af hver æggerulleindpakning.

c) Fold det nederste hjørne af indpakningen over fyldet, fold derefter siderne ind, og rul stramt.

d) Fugt det øverste hjørne af indpakningen med vand for at forsegle æggerullen.

e) Opvarm olie i en frituregryde eller stegepande til 350°F (175°C).

f) Steg æggerullerne i omgange, indtil de er gyldenbrune og sprøde, cirka 3-4 minutter pr.

g) Fjern fra olien og afdryp på køkkenrulle. Serveres varm med ekstra teriyaki sauce til dypning.

31.Østers forårsruller

INGREDIENSER:
- 3 store forårsrullepapir
- 6 vandkastanjer, fint hakkede
- 1 skive ingefær, finthakket
- 3 forårsløg, finthakket (inklusive grønne toppe)
- Et par dråber sesamolie
- 1 tsk lys sojasovs
- 24 østers, gled fra deres skaller
- Vegetabilsk olie

INSTRUKTIONER:
a) Skær hver forårsrulleindpakning i kvarte.
b) I en røreskål kombineres de finthakkede vandkastanjer, ingefær og forårsløg. Tilsæt et par dråber sesamolie og den lette sojasauce. Bland godt.
c) Fold forsigtigt østersene i, og sørg for, at de er godt dækket af krydderierne.
d) Fordel østersblandingen jævnt mellem forårsrullefirkanterne.
e) Rul forsigtigt hver forårsrulle sammen, fold siderne ind for at omslutte fyldet. Børst kanterne af indpakningen med vand for at forsegle dem.
f) Opvarm masser af vegetabilsk olie i en dyb pande eller gryde til stegning.
g) Steg forårsrullerne i den varme olie i 2-3 minutter eller til de er gyldne og sprøde.
h) Fjern forårsrullerne fra olien og dræn dem på sammenkrøllet køkkenpapir for at fjerne overskydende olie.

i) Server østersforårsrullerne med det samme.
j) Nyd dine lækre Oyster Spring Rolls!

32. Hawaiian BBQ Svineæggeruller

INGREDIENSER:
- 1 kop kogt revet svinekød, gerne krydret med BBQ sauce
- 1/2 kop ananas i tern
- 1/4 kop rød peberfrugt i tern
- 2 spsk rødløg i tern
- 1/4 kop revet mozzarellaost
- 1/4 kop BBQ sauce
- Salt og peber efter smag
- Æggerulleindpakninger
- Olie til stegning

INSTRUKTIONER:
a) I en skål kombineres revet svinekød, ananas i tern, rød peber i tern, rødløg i tern, revet mozzarellaost, BBQ sauce, salt og peber.
b) Placer en skefuld Hawaiian BBQ svinekød blanding på midten af hver æggerulleindpakning.
c) Fold det nederste hjørne af indpakningen over fyldet, fold derefter siderne ind, og rul stramt.
d) Fugt det øverste hjørne af indpakningen med vand for at forsegle æggerullen.
e) Opvarm olie i en frituregryde eller stegepande til 350°F (175°C).
f) Steg æggerullerne i omgange, indtil de er gyldenbrune og sprøde, cirka 3-4 minutter pr.
g) Fjern fra olien og afdryp på køkkenrulle. Serveres varm med ekstra BBQ-sauce til dypning.

33. Buffalo blomkål æggeruller

INGREDIENSER:
- 2 kopper blomkålsbuketter
- 1/4 kop bøffelsauce
- 2 spsk smeltet smør
- 1/4 kop smuldret blåskimmelost
- 1/4 kop hakkede grønne løg
- Salt og peber efter smag
- Æggerulleindpakninger
- Olie til stegning

INSTRUKTIONER:
a) Forvarm ovnen til 425°F (220°C). Beklæd en bageplade med bagepapir.
b) I en skål, smid blomkålsbuketter med bøffelsauce, smeltet smør, salt og peber, indtil de er jævnt dækket.
c) Fordel blomkålen i et enkelt lag på den forberedte bageplade og steg i den forvarmede ovn i 20-25 minutter, eller indtil den er mør og let brunet.
d) Når det er ristet, overfør blomkålen til en skål og mos det forsigtigt med en gaffel eller kartoffelmoser, efterlad nogle bidder intakte.
e) Rør smuldret blåskimmelost og hakkede grønne løg i.
f) Læg en skefuld af bøffel-blomkålsblandingen på midten af hver æggerulleindpakning.
g) Fold det nederste hjørne af indpakningen over fyldet, fold derefter siderne ind, og rul stramt.
h) Fugt det øverste hjørne af indpakningen med vand for at forsegle æggerullen.

i) Opvarm olie i en frituregryde eller stegepande til 350°F (175°C).

j) Steg æggerullerne i omgange, indtil de er gyldenbrune og sprøde, cirka 3-4 minutter pr.

k) Fjern fra olien og afdryp på køkkenrulle. Serveres varm med ranch- eller blåskimmelostdressing til dypning.

34. Krabbe Rangoon Æggeruller

INGREDIENSER:
- 1 kop kogt krabbekød, strimlet
- 4 oz flødeost, blødgjort
- 2 grønne løg, skåret i tynde skiver
- 1 fed hvidløg, hakket
- 1 tsk Worcestershire sauce
- Salt og peber efter smag
- Æggerulleindpakninger
- Olie til stegning

INSTRUKTIONER:
a) I en skål kombineres det strimlede krabbekød, blødgjort flødeost, snittede grønne løg, hakket hvidløg, Worcestershire sauce, salt og peber, indtil det er godt blandet.
b) Læg en skefuld af krabbe Rangoon-blandingen på midten af hver æggerulleindpakning.
c) Fold det nederste hjørne af indpakningen over fyldet, fold derefter siderne ind, og rul stramt.
d) Fugt det øverste hjørne af indpakningen med vand for at forsegle æggerullen.
e) Opvarm olie i en friturekgryde eller stegepande til 350°F (175°C).
f) Steg æggerullerne i omgange, indtil de er gyldenbrune og sprøde, cirka 3-4 minutter pr.
g) Fjern fra olien og afdryp på køkkenrulle. Serveres varm med sursød sauce eller blommesauce til dypning.

35. Æbletærteægruller

INGREDIENSER:
- 2 kopper æbler i tern (såsom Granny Smith)
- 2 spsk granuleret sukker
- 1 tsk stødt kanel
- 1/4 tsk stødt muskatnød
- 1/4 kop karamelsauce
- Æggerulleindpakninger
- Olie til stegning
- Pulversukker til aftørring (valgfrit)

INSTRUKTIONER:
a) I en skål, smid de hakkede æbler med granuleret sukker, stødt kanel og stødt muskatnød, indtil det er jævnt belagt.
b) Varm en stegepande op over middel varme og tilsæt æbleblandingen. Kog i 5-7 minutter under omrøring af og til, indtil æblerne er bløde.
c) Tag gryden af varmen og lad æblerne køle lidt af.
d) Læg en skefuld af den kogte æbleblanding på midten af hver æggerulleindpakning. Dryp lidt karamelsauce over æblerne.
e) Fold det nederste hjørne af indpakningen over fyldet, fold derefter siderne ind, og rul stramt.
f) Fugt det øverste hjørne af indpakningen med vand for at forsegle æggerullen.
g) Opvarm olie i en frituregryde eller stegepande til 350°F (175°C).
h) Steg æggerullerne i omgange, indtil de er gyldenbrune og sprøde, cirka 3-4 minutter pr.

i) Fjern fra olien og afdryp på køkkenrulle. Hvis det ønskes, drys med flormelis før servering.

36. Teriyaki kyllingæggeruller

INGREDIENSER:
- 1 kop kogt strimlet kylling
- 1/4 kop teriyaki sauce
- 1 kop revet kål
- 1/2 kop revet gulerødder
- 2 grønne løg, skåret i tynde skiver
- 1 tsk sesamolie
- Salt og peber efter smag
- Æggerulleindpakninger
- Olie til stegning

INSTRUKTIONER:
a) Bland den strimlede kylling og teriyakisauce i en skål, indtil den er godt dækket.

b) Tilsæt strimlet kål, strimlede gulerødder, snittede grønne løg, sesamolie, salt og peber. Bland indtil kombineret.

c) Læg en skefuld af teriyaki-kyllingblandingen på midten af hver æggerulleindpakning.

d) Fold det nederste hjørne af indpakningen over fyldet, fold derefter siderne ind, og rul stramt.

e) Fugt det øverste hjørne af indpakningen med vand for at forsegle æggerullen.

f) Opvarm olie i en frituregryde eller stegepande til 350°F (175°C).

g) Steg æggerullerne i omgange, indtil de er gyldenbrune og sprøde, cirka 3-4 minutter pr.

h) Fjern fra olien og afdryp på køkkenrulle. Serveres varm med ekstra teriyakisauce til dypning.

37. S'mores Æggeruller

INGREDIENSER:
- 4 graham-kiks, knust til krummer
- 1/2 kop mini skumfiduser
- 1/4 kop chokoladechips
- 8 æggeruller
- Olie til stegning
- Pulveriseret sukker (valgfrit, til aftørring)
- Chokoladesauce (valgfrit, til dypning)

INSTRUKTIONER:
a) I en skål blandes graham cracker krummer, mini skumfiduser og chokoladechips sammen, indtil de er godt blandet.

b) Læg en skefuld af s'mores-blandingen på midten af hver æggerulleindpakning.

c) Fold det nederste hjørne af indpakningen over fyldet, fold derefter siderne ind, og rul stramt.

d) Fugt det øverste hjørne af indpakningen med vand for at forsegle æggerullen.

e) Opvarm olie i en frituregryde eller stegepande til 350°F (175°C).

f) Steg æggerullerne i omgange, indtil de er gyldenbrune og sprøde, cirka 3-4 minutter pr.

g) Fjern fra olien og afdryp på køkkenrulle. Hvis det ønskes, drys med flormelis før servering. Serveres varm med chokoladesauce til dypning.

38. Caprese kyllingæggeruller

INGREDIENSER:
- 1 kop kogt strimlet kylling
- 1/2 kop hakkede tomater
- 1/4 kop hakket frisk basilikum
- 1/4 kop revet mozzarellaost
- 2 spsk balsamico glasur
- Salt og peber efter smag
- Æggerulleindpakninger
- Olie til stegning

INSTRUKTIONER:
a) I en skål kombineres den strimlede kylling, hakkede tomater, hakket basilikum, revet mozzarellaost, balsamicoglasur, salt og peber.
b) Læg en skefuld af caprese kyllingeblandingen på midten af hver æggerulleindpakning.
c) Fold det nederste hjørne af indpakningen over fyldet, fold derefter siderne ind, og rul stramt.
d) Fugt det øverste hjørne af indpakningen med vand for at forsegle æggerullen.
e) Opvarm olie i en frituregryde eller stegepande til 350°F (175°C).
f) Steg æggerullerne i omgange, indtil de er gyldenbrune og sprøde, cirka 3-4 minutter pr.
g) Fjern fra olien og afdryp på køkkenrulle. Serveres varm med ekstra balsamicoglasur til dypning.

39. Græsk Kylling Gyro Æggeruller

INGREDIENSER:
- 1 kop kogt strimlet kylling
- 1/2 kop agurk i tern
- 1/4 kop hakkede tomater
- 1/4 kop smuldret fetaost
- 2 spsk hakkede kalamata-oliven
- 2 spsk tzatziki sauce
- Salt og peber efter smag
- Æggerulleindpakninger
- Olie til stegning

INSTRUKTIONER:
a) Bland den strimlede kylling, agurk i tern, hakkede tomater, smuldret fetaost, hakkede kalamata-oliven, tzatziki-sauce, salt og peber sammen i en skål, indtil det er godt blandet.
b) Læg en skefuld af den græske kyllinggyroblanding på midten af hver æggerulleindpakning.
c) Fold det nederste hjørne af indpakningen over fyldet, fold derefter siderne ind, og rul stramt.
d) Fugt det øverste hjørne af indpakningen med vand for at forsegle æggerullen.
e) Opvarm olie i en frituregryde eller stegepande til 350°F (175°C).
f) Steg æggerullerne i omgange, indtil de er gyldenbrune og sprøde, cirka 3-4 minutter pr.
g) Fjern fra olien og afdryp på køkkenrulle. Serveres varm med yderligere tzatziki sauce til dypning.

40. Teriyaki kyllingæggeruller

INGREDIENSER:
- 1 kop kogt strimlet kylling
- 1/4 kop teriyaki sauce
- 1/2 kop revet kål
- 1/4 kop revet gulerødder
- 2 spsk hakkede grønne løg
- 1 spsk sesamfrø
- Æggerulleindpakninger
- Olie til stegning

INSTRUKTIONER:
a) Bland den strimlede kylling og teriyakisauce i en skål, indtil det er godt blandet.

b) Tilsæt strimlet kål, strimlede gulerødder, hakkede grønne løg og sesamfrø til skålen, og vend for at kombinere.

c) Læg en skefuld af kyllinge- og grøntsagsblandingen på midten af hver æggerulleindpakning.

d) Fold det nederste hjørne af indpakningen over fyldet, fold derefter siderne ind, og rul stramt.

e) Fugt det øverste hjørne af indpakningen med vand for at forsegle æggerullen.

f) Opvarm olie i en frituregryde eller stegepande til 350°F (175°C).

g) Steg æggerullerne i omgange, indtil de er gyldenbrune og sprøde, cirka 3-4 minutter pr.

h) Fjern fra olien og afdryp på køkkenrulle. Serveres varm med ekstra teriyaki sauce til dypning.

41. Mango Avocado Æggeruller

INGREDIENSER:
- 1 moden mango i tern
- 1 moden avocado, skåret i tern
- 1/4 kop rød peberfrugt i tern
- 2 spsk hakket koriander
- 1 spsk limesaft
- Salt og peber efter smag
- Æggerulleindpakninger
- Olie til stegning

INSTRUKTIONER:
a) I en skål kombineres mango i tern, avocado i tern, rød peberfrugt i tern, hakket koriander, limesaft, salt og peber.
b) Læg en skefuld af mangoavocadoblandingen på midten af hver æggerulleindpakning.
c) Fold det nederste hjørne af indpakningen over fyldet, fold derefter siderne ind, og rul stramt.
d) Fugt det øverste hjørne af indpakningen med vand for at forsegle æggerullen.
e) Opvarm olie i en frituregryde eller stegepande til 350°F (175°C).
f) Steg æggerullerne i omgange, indtil de er gyldenbrune og sprøde, cirka 3-4 minutter pr.
g) Fjern fra olien og afdryp på køkkenrulle. Serveres varm med sød chilisauce eller mangosalsa til dypning.

42. Caprese kyllingæggeruller

INGREDIENSER:
- 1 kop kogt strimlet kylling
- 1/2 kop hakkede tomater
- 1/4 kop hakket frisk basilikum
- 1/4 kop revet mozzarellaost
- 2 spsk balsamico glasur
- Salt og peber efter smag
- Æggerulleindpakninger
- Olie til stegning

INSTRUKTIONER:
a) Bland den strimlede kylling, hakkede tomater, hakket frisk basilikum, revet mozzarellaost, balsamicoglasur, salt og peber sammen i en skål, indtil det er godt blandet.
b) Læg en skefuld af kyllingeblandingen på midten af hver æggerulleindpakning.
c) Fold det nederste hjørne af indpakningen over fyldet, fold derefter siderne ind, og rul stramt.
d) Fugt det øverste hjørne af indpakningen med vand for at forsegle æggerullen.
e) Opvarm olie i en frituregryde eller stegepande til 350°F (175°C).
f) Steg æggerullerne i omgange, indtil de er gyldenbrune og sprøde, cirka 3-4 minutter pr.
g) Fjern fra olien og afdryp på køkkenrulle. Serveres varm med ekstra balsamicoglasur til dypning.

43. Pulled Pork og Coleslaw Forårsruller

INGREDIENSER:
- 1 kop kogt pulled pork
- 1/2 kop coleslaw blanding
- 2 spsk BBQ sauce
- 1 spsk mayonnaise
- Salt og peber efter smag
- Æggerulleindpakninger
- Olie til stegning

INSTRUKTIONER:
a) I en skål blandes pulled pork, coleslaw mix, BBQ sauce, mayonnaise, salt og peber sammen, indtil det er godt blandet.
b) Læg en skefuld af pulled pork-blandingen på midten af hver æggerulleindpakning.
c) Fold det nederste hjørne af indpakningen over fyldet, fold derefter siderne ind, og rul stramt.
d) Fugt det øverste hjørne af indpakningen med vand for at forsegle æggerullen.
e) Opvarm olie i en friturergryde eller stegepande til 350°F (175°C).
f) Steg æggerullerne i omgange, indtil de er gyldenbrune og sprøde, cirka 3-4 minutter pr.
g) Fjern fra olien og afdryp på køkkenrulle. Serveres varm med ekstra BBQ sauce eller ranchdressing til dypning.

44. Cheeseburger æggeruller

INGREDIENSER:
- 1/2 pund hakket oksekød
- 1/4 kop hakket løg
- 1/4 kop hakket tomat
- 1/4 kop pickles i tern
- 1/2 kop revet cheddarost
- 2 spsk ketchup
- 1 spsk sennep
- Salt og peber efter smag
- Æggerulleindpakninger
- Olie til stegning

INSTRUKTIONER:
a) Brun det hakkede oksekød i en stegepande ved middel varme. Tilsæt hakket løg og steg til det er gennemsigtigt.
b) Dræn overskydende fedt fra gryden og overfør oksekødsblandingen til en skål. Lad det køle lidt af.
c) Tilsæt tomat i tern, pickles i tern, revet cheddarost, ketchup, sennep, salt og peber til skålen med oksekødsblandingen. Bland indtil godt blandet.
d) Læg en skefuld af cheeseburgerblandingen på midten af hver æggerulleindpakning.
e) Fold det nederste hjørne af indpakningen over fyldet, fold derefter siderne ind, og rul stramt.
f) Fugt det øverste hjørne af indpakningen med vand for at forsegle æggerullen.
g) Opvarm olie i en frituregryde eller stegepande til 350°F (175°C).

h) Steg æggerullerne i omgange, indtil de er gyldenbrune og sprøde, cirka 3-4 minutter pr.

i) Fjern fra olien og afdryp på køkkenrulle. Serveres varm med ekstra ketchup eller sennep til dypning.

45. Vegetariske æggeruller med sød chilisauce

INGREDIENSER:
- 1 kop revet kål
- 1/2 kop revet gulerødder
- 1/4 kop champignon i skiver
- 1/4 kop bambusskud i skiver
- 2 spsk sojasovs
- 1 spsk sesamolie
- 1 spsk hakket ingefær
- Salt og peber efter smag
- Æggerulleindpakninger
- Olie til stegning
- Sød chilisauce til dypning

INSTRUKTIONER:

a) I en stegepande opvarmes sesamolie over medium varme. Tilsæt hakket ingefær og svits indtil duften.

b) Tilsæt strimlet kål, strimlede gulerødder, skiver champignon og bambusskud i gryden. Kog indtil grøntsagerne er møre.

c) Smag til med sojasovs, salt og peber. Rør godt sammen.

d) Læg en skefuld af grøntsagsblandingen på midten af hver æggerulleindpakning.

e) Fold det nederste hjørne af indpakningen over fyldet, fold derefter siderne ind, og rul stramt.

f) Fugt det øverste hjørne af indpakningen med vand for at forsegle æggerullen.

g) Opvarm olie i en frituregryde eller stegepande til 350°F (175°C).

h) Steg æggerullerne i omgange, indtil de er gyldenbrune og sprøde, cirka 3-4 minutter pr.
i) Fjern fra olien og afdryp på køkkenrulle. Serveres varm med sød chilisauce til dypning.

46. Philly Cheesesteak æggeruller

INGREDIENSER:
- 1/2 pund bøf i tynde skiver
- 1/2 kop skåret peberfrugt
- 1/2 kop hakkede løg
- 1/2 kop revet provolone ost
- Salt og peber efter smag
- Æggerulleindpakninger
- Olie til stegning

INSTRUKTIONER:
a) Steg den tynde skive bøf i en stegepande, indtil den er brunet. Tilsæt peberfrugt og løg i skiver, og kog indtil grøntsagerne er møre.
b) Smag til med salt og peber efter smag. Fjern fra varmen og lad det køle lidt af.
c) Læg en skefuld af bøf- og grøntsagsblandingen på midten af hver æggerulleindpakning.
d) Drys revet provolone ost oven på blandingen.
e) Fold det nederste hjørne af indpakningen over fyldet, fold derefter siderne ind, og rul stramt.
f) Fugt det øverste hjørne af indpakningen med vand for at forsegle æggerullen.
g) Opvarm olie i en friturgryde eller stegepande til 350°F (175°C).
h) Steg æggerullerne i omgange, indtil de er gyldenbrune og sprøde, cirka 3-4 minutter pr.
i) Fjern fra olien og afdryp på køkkenrulle. Serveres varm med ketchup eller ostesauce til dypning.

47. Jalapeno Popper æggeruller

INGREDIENSER:
- 4 oz flødeost, blødgjort
- 1/4 kop jalapenos i tern (frø fjernet for mindre varme)
- 1/4 kop kogt smuldret bacon
- 1/4 kop revet cheddarost
- Salt og peber efter smag
- Æggerulleindpakninger
- Olie til stegning

INSTRUKTIONER:
a) Bland den blødgjorte flødeost, jalapenos i tern, kogt smuldret bacon, revet cheddarost, salt og peber sammen i en skål, indtil det er godt blandet.
b) Læg en skefuld af jalapeno-popperblandingen på midten af hver æggerulleindpakning.
c) Fold det nederste hjørne af indpakningen over fyldet, fold derefter siderne ind, og rul stramt.
d) Fugt det øverste hjørne af indpakningen med vand for at forsegle æggerullen.
e) Opvarm olie i en frituregryde eller stegepande til 350°F (175°C).
f) Steg æggerullerne i omgange, indtil de er gyldenbrune og sprøde, cirka 3-4 minutter pr.
g) Fjern fra olien og afdryp på køkkenrulle. Serveres varm med ranchdressing eller salsa til dypning.

KONTIGRULER

48. Phyllo Veggie Æggeruller

INGREDIENSER:
- 1 Stilk selleri, skåret i fine julienne
- 2 stilke bok choy kål, skåret i fine julienne
- ¼ Rødløg, medium, skåret i fine julienne
- 4 Sneærter, skåret i fine julienne
- 2 spidskål, skåret i fine julienne
- ¾ kop grønkål, strimlet
- 2 spsk rød peberfrugt, hakket
- 1 spsk sojasovs med reduceret natrium
- 2 tsk Sherry
- 1 tsk risvinseddike
- 1 tsk blommevin
- ¼ tsk cayennepeber
- ¼ tsk stødt koriander
- 2 spsk vegetabilsk olie
- 1 tsk ingefærrod, revet frisk
- ½ tsk hvidløg, hakket
- 2 spsk koriander, hakket frisk eller persille
- ¼ kop bønnespirer
- 1 tsk mørk sesamolie
- 6 plader filodej
- Spray med vegetabilsk olie

INSTRUKTIONER:
a) Bland olie med grøntsagerne undtagen bønnespirerne. I en lille skål kombineres de flydende krydderier, cayennepeber og koriander.
b) Varm olien op i en wok eller stor gryde ved høj varme. Tilsæt ingefær og hvidløg og steg under

konstant omrøring i 30 sekunder eller indtil duften. Tilsæt grøntsagerne og steg i 2 minutter, eller indtil de er let kogte, men stadig sprøde. Tilsæt væskerne og steg i 1 minut.

c) Fjern fra varmen og rør koriander, bønnespirer og sesamolie i. Sæt til side.

d) Forvarm ovnen til 375 grader. Adskil forsigtigt et stykke filo og læg omkring ¾ kop af grøntsagsfyldet i midten af en af de kortere ender af rektanglet. Fold siderne rundt om fyldet for at omslutte det, og rul derefter filoen til en æggerulle. Læg på en bageplade med sømsiden nedad.

e) Sprøjt rullerne let med vegetabilsk oliespray og kulmule i 10 til 12 minutter i midten af ovnen, eller indtil rullerne er gyldenbrune.

49. Spinat og Feta Phyllo Æggeruller

INGREDIENSER:
- 6 plader filodej
- 1 kop kogt spinat, hakket og drænet
- 1 kop smuldret fetaost
- 2 spsk olivenolie
- Salt og peber efter smag
- Smeltet smør til pensling

INSTRUKTIONER:
a) Forvarm ovnen til 375°F (190°C).
b) Læg et ark filodej ud på en ren overflade og pensl let med smeltet smør.
c) Læg endnu et stykke filodej ovenpå og pensl med smeltet smør.
d) Gentag, indtil du har en stak med tre ark.
e) Skær stakken i tre lige store strimler.
f) Læg en skefuld kogt spinat og smuldret fetaost i den ene ende af hver strimmel.
g) Fold strimlens sider over fyldet og rul stramt sammen til en æggerulleform.
h) Læg æggerullerne på en bageplade beklædt med bagepapir.
i) Pensl toppen af æggerullerne med olivenolie og drys med salt og peber.
j) Bages i den forvarmede ovn i 15-20 minutter, eller indtil de er gyldenbrune og sprøde.
k) Server varm og nyd!

50. Kylling og grøntsager Phyllo Forårsruller

INGREDIENSER:
- 6 plader filodej
- 1 kop kogt kylling, strimlet
- 1 kop blandede grøntsager (såsom gulerødder, kål og peberfrugt), fint hakket
- 2 spsk sojasovs
- 1 spsk sesamolie
- Salt og peber efter smag
- Smeltet smør til pensling

INSTRUKTIONER:
a) Forvarm ovnen til 375°F (190°C).
b) I en stegepande opvarmes sesamolie over medium varme.
c) Tilsæt de blandede grøntsager og kog indtil de er møre.
d) Rør den kogte kylling, sojasauce, salt og peber i. Kog i yderligere 2-3 minutter.
e) Læg et ark filodej ud på en ren overflade og pensl let med smeltet smør.
f) Læg endnu et stykke filodej ovenpå og pensl med smeltet smør.
g) Gentag, indtil du har en stak med tre ark.
h) Skær stakken i tre lige store strimler.
i) Læg en skefuld af kyllinge- og grøntsagsblandingen i den ene ende af hver strimmel.
j) Fold strimlens sider over fyldet og rul stramt sammen til en æggerulleform.

k) Læg æggerullerne på en bageplade beklædt med bagepapir.
l) Pensl toppen af æggerullerne med olivenolie.
m) Bages i den forvarmede ovn i 15-20 minutter, eller indtil de er gyldenbrune og sprøde.
n) Server varm med din yndlingsdipsauce og nyd!

51. Søde æble og kanel Phyllo æggeruller

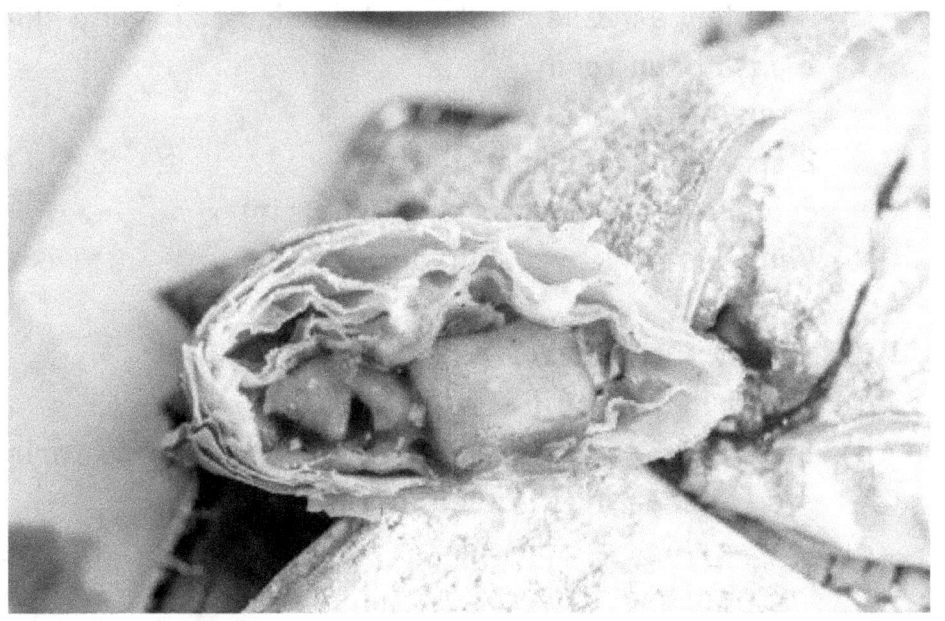

INGREDIENSER:

- 6 plader filodej
- 2 æbler, skrællet, udkernet og skåret i tynde skiver
- 2 spsk brun farin
- 1 tsk stødt kanel
- 2 spsk smeltet smør
- Pulversukker til aftørring (valgfrit)
- Vaniljeis til servering (valgfrit)

INSTRUKTIONER:

a) Forvarm ovnen til 375°F (190°C).
b) I en skål, smid de skåret æbler med brun farin og stødt kanel, indtil de er jævnt dækket.
c) Læg et ark filodej ud på en ren overflade og pensl let med smeltet smør.
d) Læg endnu et stykke filodej ovenpå og pensl med smeltet smør.
e) Gentag, indtil du har en stak med tre ark.
f) Skær stakken i tre lige store strimler.
g) Læg et par skiver æbleblanding i den ene ende af hver strimmel.
h) Fold strimlens sider over fyldet og rul stramt sammen til en æggerulleform.
i) Læg æggerullerne på en bageplade beklædt med bagepapir.
j) Pensl toppen af æggerullerne med smeltet smør.
k) Bages i den forvarmede ovn i 15-20 minutter, eller indtil de er gyldenbrune og sprøde.

l) Serveres varm, drysset med pulveriseret sukker, hvis det ønskes, og med en kugle vaniljeis ved siden af.

52. Phyllo-ægruller med rejer og avocado

INGREDIENSER:
- 6 plader filodej
- 1 kop kogte rejer, hakket
- 1 moden avocado, skåret i tern
- 1/4 kop rødløg, finthakket
- 2 spsk koriander, hakket
- Saft af 1 lime
- Salt og peber efter smag
- Smeltet smør til pensling

INSTRUKTIONER:
a) Forvarm ovnen til 375°F (190°C).
b) I en skål kombineres de hakkede rejer, hakket avocado, rødløg, koriander, limesaft, salt og peber. Bland godt.
c) Læg et ark filodej ud på en ren overflade og pensl let med smeltet smør.
d) Læg endnu et stykke filodej ovenpå og pensl med smeltet smør.
e) Gentag, indtil du har en stak med tre ark.
f) Skær stakken i tre lige store strimler.
g) Læg en skefuld af reje- og avocadoblandingen i den ene ende af hver strimmel.
h) Fold strimlens sider over fyldet og rul stramt sammen til en æggerulleform.
i) Læg æggerullerne på en bageplade beklædt med bagepapir.
j) Pensl toppen af æggerullerne med smeltet smør.

k) Bages i den forvarmede ovn i 15-20 minutter, eller indtil de er gyldenbrune og sprøde.
l) Server varm med din yndlingsdipsauce og nyd!

53. Grøntsags- og gedeost Phyllo-ægruller

INGREDIENSER:
- 6 plader filodej
- 1 kop blandede grøntsager (såsom peberfrugt, zucchini og svampe), fint hakket
- 1/2 kop smuldret gedeost
- 2 spsk olivenolie
- Salt og peber efter smag
- Smeltet smør til pensling

INSTRUKTIONER:
a) Forvarm ovnen til 375°F (190°C).
b) I en stegepande opvarmes olivenolie over medium varme.
c) Tilsæt de blandede grøntsager til gryden og kog indtil de er møre.
d) Smag til med salt og peber efter smag.
e) Læg et ark filodej ud på en ren overflade og pensl let med smeltet smør.
f) Læg endnu et stykke filodej ovenpå og pensl med smeltet smør.
g) Gentag, indtil du har en stak med tre ark.
h) Skær stakken i tre lige store strimler.
i) Læg en skefuld af den kogte grøntsagsblanding og smuldret gedeost i den ene ende af hver strimmel.
j) Fold strimlens sider over fyldet og rul stramt sammen til en æggerulleform.
k) Læg æggerullerne på en bageplade beklædt med bagepapir.
l) Pensl toppen af æggerullerne med smeltet smør.

m) Bages i den forvarmede ovn i 15-20 minutter, eller indtil de er gyldenbrune og sprøde.
n) Serveres varm med en side af marinara sauce til dypning.

54. Chokolade og hindbær Phyllo æggeruller

INGREDIENSER:
- 6 plader filodej
- 1 kop friske hindbær
- 1/2 kop chokoladechips
- 2 spsk pulveriseret sukker
- Smeltet smør til pensling

INSTRUKTIONER:
a) Forvarm ovnen til 375°F (190°C).
b) Læg et ark filodej ud på en ren overflade og pensl let med smeltet smør.
c) Læg endnu et stykke filodej ovenpå og pensl med smeltet smør.
d) Gentag, indtil du har en stak med tre ark.
e) Skær stakken i tre lige store strimler.
f) Læg et par hindbær og chokoladechips i den ene ende af hver strimmel.
g) Fold strimlens sider over fyldet og rul stramt sammen til en æggerulleform.
h) Læg æggerullerne på en bageplade beklædt med bagepapir.
i) Pensl toppen af æggerullerne med smeltet smør.
j) Bages i den forvarmede ovn i 15-20 minutter, eller indtil de er gyldenbrune og sprøde.
k) Drys flormelis over æggerullerne inden servering.
l) Serveres varm med en kugle vaniljeis ved siden af til dypning.

55. Middelhavsphyllo-æggeruller

INGREDIENSER:
- 6 plader filodej
- 1 kop kogt quinoa
- 1/2 kop hakkede ristede røde peberfrugter
- 1/4 kop hakkede Kalamata oliven
- 1/4 kop smuldret fetaost
- 2 spsk hakket frisk persille
- 1 spsk citronsaft
- Salt og peber efter smag
- Smeltet smør til pensling

INSTRUKTIONER:
a) Forvarm ovnen til 375°F (190°C).
b) I en skål kombineres kogt quinoa, hakket ristet rød peberfrugt, hakkede Kalamata-oliven, smuldret fetaost, hakket frisk persille, citronsaft, salt og peber. Bland godt.
c) Læg et ark filodej ud på en ren overflade og pensl let med smeltet smør.
d) Læg endnu et stykke filodej ovenpå og pensl med smeltet smør.
e) Gentag, indtil du har en stak med tre ark.
f) Skær stakken i tre lige store strimler.
g) Læg en skefuld af quinoablandingen i den ene ende af hver strimmel.
h) Fold strimlens sider over fyldet og rul stramt sammen til en æggerulleform.
i) Læg æggerullerne på en bageplade beklædt med bagepapir.

j) Pensl toppen af æggerullerne med smeltet smør.
k) Bages i den forvarmede ovn i 15-20 minutter, eller indtil de er gyldenbrune og sprøde.
l) Serveres varm med tzatziki sauce eller hummus til dypning.

56. Mexicanske Phyllo æggeruller

INGREDIENSER:
- 6 plader filodej
- 1 kop kogte sorte bønner
- 1 kop kogte majskerner
- 1/2 kop hakkede tomater
- 1/4 kop hakket koriander
- 1/4 kop revet cheddarost
- 1 tsk stødt spidskommen
- Salt og peber efter smag
- Smeltet smør til pensling

INSTRUKTIONER:
a) Forvarm ovnen til 375°F (190°C).
b) I en skål kombineres kogte sorte bønner, kogte majskerner, hakkede tomater, hakket koriander, revet cheddarost, stødt spidskommen, salt og peber. Bland godt.
c) Læg et ark filodej ud på en ren overflade og pensl let med smeltet smør.
d) Læg endnu et stykke filodej ovenpå og pensl med smeltet smør.
e) Gentag, indtil du har en stak med tre ark.
f) Skær stakken i tre lige store strimler.
g) Læg en skefuld af bønneblandingen i den ene ende af hver strimmel.
h) Fold strimlens sider over fyldet og rul stramt sammen til en æggerulleform.
i) Læg æggerullerne på en bageplade beklædt med bagepapir.

j) Pensl toppen af æggerullerne med smeltet smør.
k) Bages i den forvarmede ovn i 15-20 minutter, eller indtil de er gyldenbrune og sprøde.
l) Serveres varm med salsa eller guacamole til dypning.

57. Jordbær og flødeost Phyllo æggeruller

INGREDIENSER:

- 6 plader filodej
- 1 kop snittede jordbær
- 4 ounce flødeost, blødgjort
- 2 spsk pulveriseret sukker
- 1 tsk vaniljeekstrakt
- Smeltet smør til pensling

INSTRUKTIONER:

a) Forvarm ovnen til 375°F (190°C).
b) I en skål blandes blødgjort flødeost, pulveriseret sukker og vaniljeekstrakt sammen, indtil det er glat.
c) Læg et ark filodej ud på en ren overflade og pensl let med smeltet smør.
d) Læg endnu et stykke filodej ovenpå og pensl med smeltet smør.
e) Gentag, indtil du har en stak med tre ark.
f) Skær stakken i tre lige store strimler.
g) Læg en skefuld af flødeostblandingen i den ene ende af hver strimmel.
h) Arranger skivede jordbær ovenpå flødeostblandingen.
i) Fold strimlens sider over fyldet og rul stramt sammen til en æggerulleform.
j) Læg æggerullerne på en bageplade beklædt med bagepapir.
k) Pensl toppen af æggerullerne med smeltet smør.
l) Bages i den forvarmede ovn i 15-20 minutter, eller indtil de er gyldenbrune og sprøde.

m) Serveres varm med et drys flormelis på toppen.

RISPAPIRSRULLER

58. Mango forårsruller

INGREDIENSER:
- 2 ounce tynde ris vermicelli
- 8 rispapircirkler (8 ½ tommer i diameter)
- 4 store salatblade, ribben fjernet, blade halveret på langs
- 1 stor gulerod, revet
- 2 mangoer, skrællet og skåret i skiver
- ½ kop friske basilikumblade
- ½ kop friske mynteblade
- 4 ounce friske bønnespirer (1 kop)
- Krydret thailandsk vinaigrette

INSTRUKTIONER:
a) Start med at lægge ris vermicelli i blød i 2 kopper varmt vand i cirka 15 minutter. Når de er gennemblødte, drænes de og stilles til side.
b) Dyp derefter et ark rispapir i varmt vand, omkring 110 grader Fahrenheit, og overfør det derefter til en arbejdsflade, der er dækket med et fugtigt køkkenhåndklæde.
c) Vent i cirka 30 sekunder, eller indtil indpakningen bliver smidig. Læg nu et salatblad på de nederste to tredjedele af rispapiret, og sørg for, at du efterlader en 2-tommers kant af papir på bunden.
d) Læg i lag 2 spsk vermicelli, 1 spsk revet gulerødder, 2 skiver mango, 1 spsk hver af basilikum og mynte og 2 spsk bønnespirer oven på salaten.
e) Fold den nederste 2-tommers kant af rispapiret op over fyldet, og fold det derefter opad igen for at

omslutte fyldet. Fortsæt med at folde højre kant ind og derefter venstre kant af indpakningen. Bliv ved med at folde, indtil der er dannet en tæt cylinder.

f) Overfør den færdige forårsrulle til en serveringsbakke og dæk den med et fugtigt køkkenrulle for at holde den frisk.

g) Fortsæt med at fylde og rulle, indtil du har brugt alle ingredienserne.

h) Disse mango-forårsruller nydes bedst med den krydrede thailandske vinaigrette som dipsauce.

59. Grønne æbleforårsruller med karamelsauce

INGREDIENSER:
- 6 store Granny Smith æbler (ca. 3 pund)
- ½ tsk Finrevet frisk limeskal
- 2½ spsk Frisk limesaft
- 2 spiseskefulde råsukker (fås i specialbutikker)
- 12 forårsrulleindpakninger (7 eller 8-tommers kvadrat)
- ½ kop (1 stok) usaltet smør
- 1 stort æg
- Vanilje is
- Karamelsauce
- Pynt (valgfrit)

INSTRUKTIONER:
a) Skær de skrællede æbler i julienne-strimler ved hjælp af ⅛-tommers julienneklinge fra en mandolin eller en anden manuel udskærer.
b) I en skål, smid æble-julienne-strimlerne med limeskal, limesaft og råsukker. Dræn blandingen i et dørslag i 20 minutter.
c) Lad forårsrullepapiret stå i deres pakke ved stuetemperatur i 5 minutter.
d) Smelt det usaltede smør, og pisk ægget let i en lille skål med en gaffel.
e) Fjern den ene forårsrulleindpakning fra pakken, og pil den forsigtigt af, og dæk den resterende stak med et fugtet køkkenrulle for at forhindre, at det tørrer ud.

f) På en arbejdsflade skal du arrangere forårsrulleindpakningen med et hjørne pegende mod dig og pensle den let med lidt smeltet smør, så det øverste hjørne efterlades tørt.
g) Arranger omkring ¼ kop af det strimlede æble på indpakningen i en 6-tommer lang løs bunke fra venstre til højre hjørner.
h) Drej det nederste hjørne op for at dække fyldet, og stram forsigtigt rullen ved at trykke den mod dig.
i) Fold højre og venstre hjørne ind mod midten og rul væk fra dig så stramt som muligt uden at rive omslaget i stykker. Forsegl det tørre hjørne til forårsrullen med lidt sammenpisket æg og dæk den løst med plastfolie.
j) Gentag processen for at lave 11 forårsruller mere. Forårsrullerne kan tilberedes indtil dette tidspunkt og afkøles tildækket i op til 4 timer.
k) Forvarm ovnen til 200 grader Fahrenheit for at holde forårsrullerne varme.
l) I en 2-quart gryde, opvarm olie over moderat varme til 360 grader Fahrenheit på et dybt-fedt termometer. Steg forårsrullerne, 2 eller 3 ad gangen, vend af og til, i cirka 5 minutter, eller indtil de er gyldenbrune. Sørg for, at olien vender tilbage til 360 grader Fahrenheit mellem batch.
m) Med en tang overføres de stegte forårsruller til brunt papir eller køkkenrulle for at dryppe af og holde dem varme på en bageplade midt i ovnen.

n) Til servering skal du skære 2 forårsruller i halve diagonalt og placere dem med spidse ender i en ramekin eller en lille kop på en tallerken. Gentag med de resterende forårsruller.
o) Tilføj en kugle vaniljeis til midten af hver ramekin eller kop og dryp med karamelsauce.
p) Nyd dine grønne æbleforårsruller med karamelsauce!

60. blandet frugt med jordbærsauce

INGREDIENSER:
TIL FRUGT FORÅRSRULLENE:
- 1 kop jordbær, skåret i kvarte
- 2 kiwi, skåret i skiver
- 2 appelsiner, skåret i skiver
- 1 mango, skåret i strimler
- 2 ferskner, skåret i strimler
- $\frac{1}{2}$ kop kirsebær, udstenede og skåret i halve
- $\frac{1}{2}$ kop blåbær
- $\frac{1}{2}$ kop hindbær
- 1 stjerne frugt
- 8 ark vietnamesisk rispapir
- Friske mynteblade

TIL JORDBÆR -DIPPESAUSEN:

- 2 kopper jordbær
- 1 passionsfrugt

TIL CHOKOLADESAUSEN:
- 1 kop mørk chokolade, smeltet

INSTRUKTIONER:
FORBEREDELSE AF FRUGT FORÅRSRULLER:
a) Skær alle frugterne i små stykker. Brug eventuelt en stjerneformet udskærer til mangoen.

b) Fyld en lav skål med vand og dyp de vietnamesiske rispapirark i vandet, og sørg for, at de bliver moderat våde på begge sider. Pas på ikke at ligge dem i blød for længe, da de kan blive for bløde.

c) Når du har lagt rispapirerne i blød, læg en del af de tilberedte frugter på hvert ark rispapir.
d) Placer dem i midten og rul dem derefter sammen som en burrito, og fold de to sideflapper ind, mens du går.

AT LAVE JORDBÆR -DIPPESAUSEN:

e) Kombiner jordbærene og frugtkødet af passionsfrugten i en blender.
f) Blend indtil glat. Dette vil være din jordbærsovs.

BETJENER:

g) Server frugtforårsrullerne med jordbærsovsen. Du kan også tilbyde smeltet mørk chokolade som en alternativ dyppemulighed.
h) Nyd dine forfriskende og sunde frugtforårsruller på varme sommerdage!

61. Forårsruller med Strawberry Lemonade Dip

INGREDIENSER:
FORÅRSRULLER:
- Varmt vand
- 8 rispapirsindpakninger
- 1 kiwi, skåret i skiver
- ¼ kop jordbær (40 g), skåret i skiver
- ½ mango, skåret i skiver
- ¼ kop hindbær (30 g)
- ½ grønt æble, skåret i skiver

JORDBÆR LEMONADEDIP:
- ½ kop vanilje græsk yoghurt (120 g)
- ½ kop jordbær (75 g), skåret i skiver
- 3 kviste friske mynteblade
- 1 spsk honning
- 1 spsk citronsaft
- ¼ spsk citronskal, plus mere til pynt

INSTRUKTIONER:
LAV JORDBÆR-LIMONADEDIPPEN:
a) Tilsæt græsk yoghurt, skivede jordbær, friske mynteblade, honning, citronsaft og citronskal til en blender.
b) Blend indtil glat.
c) Overfør dippen til en lille skål og pynt med mere citronskal.
d) Stil dippen på køl, mens du samler rullerne.

SAMLING FORÅRSRULLERNE:
e) Fyld en medium lav skål med varmt vand og placer den i nærheden af din arbejdsstation.

f) Dyp et rispapirsindpakning i det varme vand i et par sekunder, og sænk det helt ned.
g) Fjern det gennemblødte rispapir og læg det fladt på en glat, ren overflade, såsom en tallerken.
h) Tilføj din ønskede kombination af kiwi i skiver, snittede jordbær, snittet mango, hindbær og skåret grønt æble til midten af indpakningen. Pas på ikke at overfylde for at gøre rulningen nemmere.
i) Arbejd hurtigt, før rispapiret tørrer ud, fold begge sider af rispapiret over frugten for at sikre det.
j) Løft den nederste kant af rispapiret og fold det forsigtigt over toppen af frugten, læg det under på den anden side.
k) Rul forsigtigt indtil frugten er helt dækket og den øverste kant af indpakningen klæber til forårsrullen.
l) Gentag rulningsprocessen med de resterende ingredienser.
m) Læg hver forårsrulle til side og dæk den med et fugtigt køkkenrulle for at holde det frisk, mens du gentager med de resterende ingredienser.

TJENE:
n) Server frugtforårsrullerne med den afkølede jordbærlimonadedip.
o) Nyd denne forfriskende og sunde forret!

62. Dragon Fruit Rainbow Rolls

INGREDIENSER:
TIL WRAPS:
- 4 rispapir wraps (til 2 ruller)
- ½ kop revet gulerod
- ½ avocado, skåret i tynde skiver
- 8 agurkeskiver
- En håndfuld friske basilikumblade
- ½ kop kogte risnudler
- ½ kop pureret lyserød dragefrugt

TIL DIPPESAUSEN:
- 2 spsk glat jordnøddesmør
- 1 spsk riseddike
- ½ spsk sesamolie
- ½ spsk mirin
- ½ spsk sojasovs eller tamari (til glutenfri)
- ½ spsk brun farin
- ½ spsk Sriracha (tilpas efter dine krydderipræferencer)

INSTRUKTIONER:
TIL WRAPS:
a) Tilbered risnudlerne efter pakkens anvisninger. Dræn og sæt til side.
b) Tilsæt varmt vand i et lavt fad. Dyp et rispapir i vandet i cirka 10-15 sekunder, eller indtil det bliver blødt og smidigt.
c) Overfør forsigtigt det blødgjorte rispapir til en ren arbejdsflade som en tallerken eller et fugtigt køkkenrulle.

d) I midten af rispapirfolien placeres en lille mængde revet gulerod, avocadoskiver, agurkeskiver, friske basilikumblade og kogte risnudler.
e) Dryp en skefuld pureret lyserød dragefrugt over ingredienserne .
f) Fold forsigtigt siderne af rispapirfolien indad, fold derefter bunden op og rul den stramt sammen for at omslutte fyldet, svarende til at rulle en burrito.
g) Gentag disse trin for at lave den anden rulle.
h) Skær hver rulle i halve diagonalt for en visuelt tiltalende præsentation.

TIL DIPPESAUSEN:
i) I en lille skål kombineres glat jordnøddesmør, riseddike, sesamolie, mirin, sojasovs eller tamari, brun farin og Sriracha.
j) Rør ingredienserne , indtil de er godt blandet. Juster Srirachaen til dit ønskede niveau af krydrethed.

SERVER DRAGON FRUGT RAINBOW RULLER:
k) Server rullerne med den tilberedte dipsauce.
l) Nyd dine lækre og farverige Dragon Fruit Rainbow Rolls!
m) Disse ruller er ikke kun visuelt fantastiske, men også fyldt med smag og tekstur. De sørger for et dejligt og sundt måltid for to!

63. Ruller af rispapir af svin og basilikum

INGREDIENSER:
- 150 g tørrede ris vermicelli nudler
- 16 små runde rispapirsindpakninger
- 1 egetræssalat, blade adskilt, vasket og tørret
- 2 libanesiske agurker, halveret, skåret i tynde strimler
- $\frac{1}{2}$ kop mynteblade
- $\frac{1}{2}$ kop thailandske basilikumblade
- 250 g (2 kopper) stegt flæsk, skåret i strimler
- $\frac{1}{3}$ kop sød chilisauce
- 1 lime, presset

INSTRUKTIONER:
a) Udblød ris vermicelli nudlerne efter anvisningen på pakken.
b) Dræn de udblødte nudler og opfrisk dem i koldt vand. Dræn igen.
c) Fyld et lavvandet fad halvt med varmt vand.
d) Dyp et rispapir i det varme vand og læg det på en arbejdsflade.
e) Lad det stå i 20 til 30 sekunder, eller indtil det er blødt nok til at rulle uden at flække.
f) Læg et salatblad i kanten af rispapiret.
g) Top med en portion nudler, agurkestrimler, mynteblade, basilikumblade og strimler af stegt flæsk.
h) Rul rispapiret sammen, fold det i kanterne for at omslutte fyldet.

i) For at forhindre rispapirsrullerne i at tørre ud, skal du dække dem med et fugtigt viskestykke.

j) Gentag processen med de resterende rispapirindpakninger og fyldeingredienser for at skabe i alt 16 ruller.

FORBERED SØD CHILI-DIPPESAUCE

k) Kombiner sød chilisauce og 1 ½ spsk limesaft i en krukke med skruetop.

l) Sæt låget på og ryst glasset, indtil ingredienserne er godt blandet.

TJENE

m) Server svinerispapirrullerne med den søde chili-dipsauce til et lækkert og tilfredsstillende måltid.

64. Vietnamesiske grillede svineruller

INGREDIENSER:
- 1 pakke rispapir
- 150 g ris vermicelli nudler
- ¼ kop revet salat
- 1 stor gulerod (tyndt skåret)
- 2 libanesiske agurker (julienerede)

VIETNAMESISK DIPPESAUCE:
- Krydderurter (koriander, basilikum, mynte, purløg)

SVINEKØD MARINADE:
- 300 g svinenakke (skåret i tynde skiver)
- 2 tsk fiskesauce
- 1 spsk sukker
- 1 spsk sød sojasovs
- 2 fed hvidløg (fint hakket)
- 2 spsk citrongræs (fint hakket)
- 2 spsk forårsløg (finhakket)
- 2 spsk løg (fint hakket)
- 2 spsk olie
- Peber efter smag

INSTRUKTIONER:
TILBEREDNING AF SVINEKØD:
a) ingredienserne til svinekødsmarinade i en røreskål, og sørg for grundig blanding.
b) Varm olie op i en slip-let pande og grill svinekødet til det bliver gyldenbrunt.

FORBEREDELSE AF RISPAPIRSrullerne:

c) Læg ris vermicelli nudlerne i kogende vand i 2 minutter, indtil de bliver bløde, og dræn dem derefter godt.
d) Fyld en dyppeskål med varmt vand. Dyp et ark rispapir i det varme vand for at fugte det helt, fjern det derefter med det samme og læg det fladt på en ren overflade.
e) Læg et lag svinekød efterfulgt af urter, gulerod, agurk, salat og risvermicelli langs kanten af rispapiret nærmest dig.
f) Fold forsigtigt over kanten med ingredienserne , og fold derefter de to sider ind mod midten for at omslutte fyldet.
g) Rul rispapiret stramt op omkring ingredienserne for at skabe rispapirsrullen.
h) Server rispapirsrullerne med den vietnamesiske dipsauce.

65. Fem-krydderi svinekød rispapirrulle

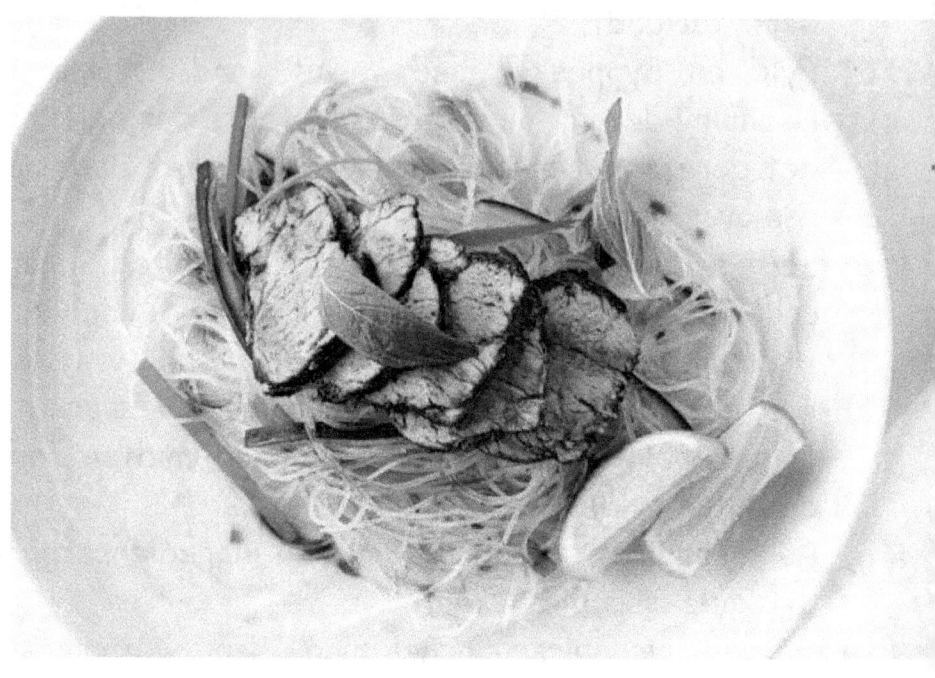

INGREDIENSER:

- ½ gulerod, skåret i tynde strimler
- ½ lang rød chili, skåret i tynde strimler
- ½ libanesisk agurk, skåret i tynde strimler
- 2 tsk rørsukker
- 2 spsk riseddike
- 50 g vermicelli nudler, kogt efter pakkens anvisning
- 1 tsk fem-krydderi pulver
- 2 tsk olivenolie
- 200 g svinefilet, trimmet
- 1 rispapir
- 1 tsk sød chilisauce
- 1 tsk østerssauce
- 1 spsk sojasovs
- Saft af ½ lime, plus skiver til servering
- Mynteblade, til servering

INSTRUKTIONER:

a) Forvarm din ovn til 190°C (374°F) og beklæd en bageplade med bagepapir.

b) I en skål kombineres gulerod, chili, agurk, sukker og riseddike. Sæt denne blanding til side i 20 minutter. Dræn det bagefter og vend det sammen med de kogte nudler.

c) I en anden skål piskes fem krydderier og olivenolie sammen. Tilsæt svinefileten og overtræk den med denne blanding. Varm en stegepande op over middel varme, og steg derefter svinekødet, vend det, i cirka 6 minutter, eller indtil det bliver let forkullet.

Overfør svinekødet til den forberedte bageplade og steg det i yderligere 4-5 minutter, indtil det er gennemstegt.

d) Blødgør rispapirsvøbet efter anvisningen på pakken.
e) Kombiner sød chilisauce, østerssauce og limesaft i en skål.
f) Placer den blødgjorte rispapirindpakning på en ren overflade. Top det med nudelblandingen og det snittede svinekød.
g) Server din lækre Five-Spice Pork Rice Paper Roll med limebåde, mynteblade og saucen til dypning. God fornøjelse!

66. Pulled Pork og koriander rispapirruller

INGREDIENSER:
- 340 g pakke grønkålssalat (dressing kasseret)
- 60 ml Poonsin vietnamesisk dipsauce
- 12 x 8" rispapirark
- 1 bundt koriander, delt i kviste
- 560 g pakke klar til at trække svinekød skulder med barbecue sauce, opvarmet, strimlet

AT GARNERE:
- Koriander blade
- Limebåde

INSTRUKTIONER:
a) I en skål kombineres kålsalaten og dipsauce.
b) Fyld et stort lavt, varmefast fad med kogende vand og lad det køle af i 2 minutter.
c) For hver rispapirrulle dyppes kort et ark rispapir i det varme vand for at blødgøre det lidt, og læg det derefter på en ren arbejdsflade.
d) Læg 2 kviste koriander i midten af rispapirarket. Top med 2-3 spsk af svinekødsblandingen og derefter 2-3 spsk af grønkålsblandingen. Fold siderne af rispapirarket ind, og rul det derefter stramt op til en træstamme.
e) Læg rullen med sømsiden nedad på en tallerken. Gentag denne proces med de resterende rispapirark, korianderkviste, svinekød og grønkålssalat for at lave i alt 12 ruller.
f) Top rispapirsrullerne med ekstra korianderblade og server dem med limebåde og ekstra dipsauce.

67. Forårsruller med svinekød og rejer

INGREDIENSER:
- 2 ounce tynde risnudler (vermicelli)
- 8 ounce udbenet svinekam
- 1 spsk plus 1 tsk riseddike, delt
- ½ pund mellemstore rejer, pillede og deveirede
- 8 brune ris vietnamesiske forårsrullepapir
- Friske urter (mynte, koriander, basilikum, vietnamesisk koriander eller din præference)
- 1 lille salathoved
- 4 mini agurker, skåret i tynde skiver
- 2 gulerødder, revet eller i julien
- ½ kop hoisinsauce
- ½ kop kokosmælk
- ½ tsk sesamolie
- ¼ kop knuste jordnødder
- 4 teskefulde Sriracha sauce

INSTRUKTIONER:
a) Bring en stor gryde vand i kog. Blød i mellemtiden nudlerne i en skål med koldt vand, indtil de er bøjelige, cirka 7 minutter. Dræn og kog under omrøring en eller to gange, indtil de er møre, cirka 15 sekunder.

b) Overfør med en mesh sigte til et dørslag og skyl under koldt vand, indtil det er afkølet. Dræn og overfør til en skål; dæk med plastfolie og stil til side.

c) Tilsæt svinekød og 1 spsk eddike til det kogende vand. Reducer varmen for at opretholde en simre og kog indtil et øjeblikkeligt aflæst termometer indsat i midten registrerer 140°F, cirka 8 minutter. Overfør med en tang til et skærebræt, lad afkøle til stuetemperatur, og skær derefter på tværs i meget tynde skiver.

d) I det samme vand koger du rejerne, indtil de er lyserøde og uigennemsigtige, cirka 2 minutter. Dræn og skyl under koldt rindende vand. Skær hver reje i halve på langs.

e) Fyld et stort, lavt, rundt fad med varmt vand. Dyp en rispapirindpakning i vandet, indtil den er meget bøjelig, cirka 10 sekunder, og læg den på en tallerken. På den nederste tredjedel af omslaget, efterlader der omkring 1 tomme plads på kanterne, lag fylderne vandret i følgende rækkefølge: 3 rejehalvdele, et par krydderurter, 1 salatblad foldet på midten, 2 svinekødsskiver, 4 agurkeskiver, 2 spiseskefulde nudler og 6 gulerodsstrimler.

f) Start med den kant, der er tættest på dig, og fold indpakningen op og over fyldet. Fold højre og venstre side af indpakningen ind og fortsæt med at rulle indpakningen stramt til toppen. Gentag med de resterende indpakninger og fyld.

g) Før servering blandes hoisinsauce, kokosmælk, resterende 1 tsk riseddike og sesamolie. Fordel i 4 saucekopper, top hver med 1 spiseskefuld jordnødder og 1 tsk Sriracha.

68. Frugtruller med chokoladesauce

INGREDIENSER:
CHOKOLADESAUCE:
- 100g 70% mørk chokolade, hakket
- 1 spsk fedtfattig smørepålæg
- 2 spsk let creme

JORDBÆRSAUCE:
- 1 kop jordbær
- 2 tsk sigtet flormelis

RISPAPIRSRULLER:
- 12 x 16 cm rispapirark
- Frisk mynte
- 1 lille grønt æble, skåret i tynde skiver
- 3 jordbær, skåret i tynde skiver
- 1 mandarin, skrællet og skåret i tynde skiver
- 1 kiwi, skrællet og skåret i tynde skiver
- ¼ lille banan, skrællet og skåret i tynde skiver
- ½ kop hindbær
- $^1/^3$ kop blåbær
- 1 lille mango, skåret i tynde skiver

INSTRUKTIONER:
a) I en lille gryde, over meget lav varme, læg chokoladepålæg og fløde. Rør indtil smeltet, glat og kombineret. Overfør saucen til en serveringsskål. Stil til side til afkøling.
b) Blend jordbærrene i en lille foodprocessor, til de er glatte. Rør flormelis i og kom saucen over i en serveringsskål.

c) Fyld et lavvandet fad halvt med varmt vand. Udblød 1 ark rispapir i vand, indtil det er blødt.
d) Placer den på arbejdsfladen. Læg 1 mynteblad, hvis du bruger, langs kanten af rispapiret. Top med et udvalg af frugt (pas på ikke at overfylde).
e) Rul sammen, fold siderne ind for at omslutte fyldet. Læg rullen til side og dæk den med et fugtigt viskestykke for at forhindre, at den tørrer ud. Gentag med de resterende rispapirark, mynteblade og frugt for at lave 12 ruller.
f) Server frugtrispapirsrullerne med dipsauce.

69. Safran og kokos rispapir ruller

INGREDIENSER:
- 7 ark rispapir
- 1 kop revet kokos
- ½ kop Jaggery
- 1 tsk Ghee (klaret smør)
- ¼ teskefuld kardemommepulver
- Et knivspids safran (valgfrit)

INSTRUKTIONER:
a) Tilsæt kokos og jaggery i en gryde, og bland godt.
b) Lad det koge ved middel varme til det bliver tykt, husk at røre konstant.
c) Fjern det fra blusset og lad det køle helt af.

FORBEREDELSE AF RISPAPIRSrullerne:
d) Dyp et rispapir i filtreret vand i 15-20 sekunder og læg det fladt på en tallerken.
e) Tilsæt 2 spiseskefulde af kokos-jaggery-fyldet til det og begynd at folde.
f) Gentag rulningsprocessen med de resterende plader og fyld.
g) Hvis det ønskes, kan du dekorere dem med opblødt safran.

70. Tropisk frugt sommerruller

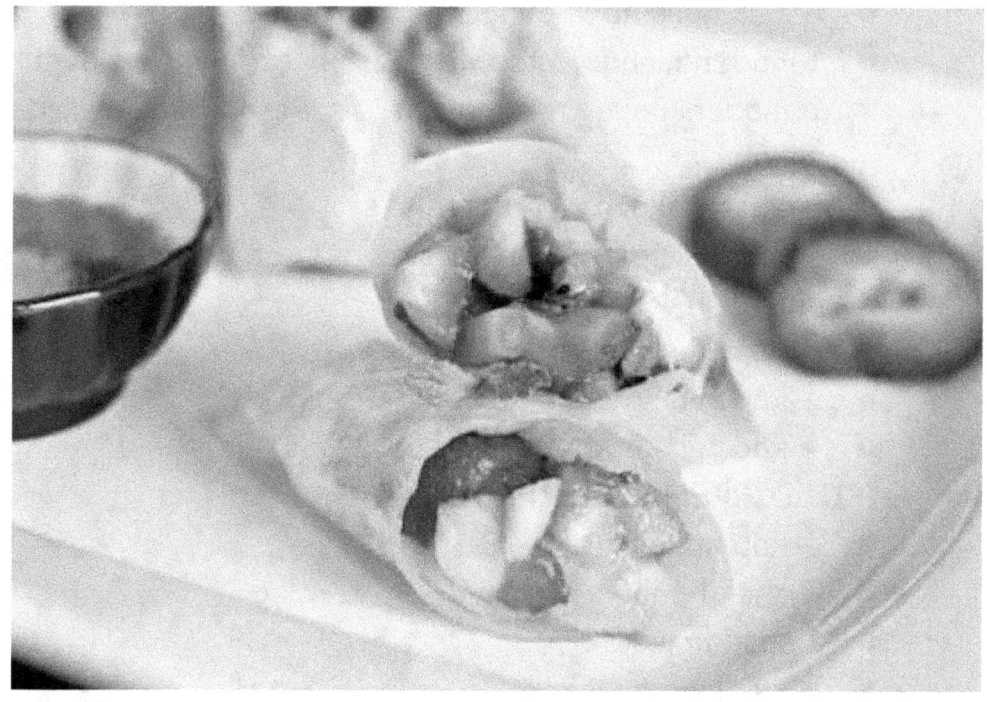

INGREDIENSER:

TIL SOMMERRULLENE:
- 8 rispapirsindpakninger
- 1 moden mango, skrællet og skåret i tynde skiver
- 1 moden papaya, skrællet, frøet og skåret i tynde skiver
- 1 banan, skåret i tynde skiver
- $\frac{1}{2}$ ananas, skrællet, udkernet og skåret i tynde skiver
- $\frac{1}{2}$ kop friske mynteblade
- $\frac{1}{2}$ kop friske basilikumblade (valgfrit)
- $\frac{1}{2}$ kop friske korianderblade (valgfrit)

TIL DIPPESAUSEN:
- $\frac{1}{4}$ kop kokosmælk
- 2 spsk honning
- 1 spsk limesaft
- $\frac{1}{2}$ tsk revet limeskal
- $\frac{1}{2}$ tsk vaniljeekstrakt

INSTRUKTIONER:

TIL DIPPESAUSEN:

a) I en lille skål piskes kokosmælk, honning, limesaft, limeskal og vaniljeekstrakt sammen, indtil det er godt blandet. Sæt til side.

TIL SOMMERRULLENE:

b) Forbered alle frugter og krydderurter ved at vaske og skære dem i tynde strimler.

c) Fyld et lavt fad med varmt vand. Arbejd en ad gangen og læg en rispapirsindpakning i det varme

vand i cirka 10-15 sekunder, eller indtil det bliver blødt og smidigt.
d) Løft forsigtigt det blødgjorte rispapir og læg det på en ren overflade, såsom en tallerken eller et skærebræt.
e) På den nederste tredjedel af rispapiret lægges skiver af mango, papaya, banan og ananas i lag. Tilføj en håndfuld friske mynteblade, og hvis det ønskes, basilikum og korianderblade for ekstra smag.
f) Fold rispapirets sider ind, og rul det derefter stramt sammen, som at rulle en burrito.
g) Gentag processen med de resterende rispapirindpakninger og frugt.
h) Server de tropiske frugtsommerruller med den tilberedte dipsauce.

71. Ruller af rispapir med bær og grøntsager

INGREDIENSER:
TIL SOMMERRULLENE:
- 10 rispapirsindpakninger (vælg mellem to størrelser: sommerruller)
- 1,5 kopper kogte vermicelli nudler (valgfrit for tilføjede kulhydrater)
- ½ kop jordbær
- ½ kop hindbær
- ½ kop brombær

VEGGIES:
- 1 lille romainesalat
- 1 gulerod
- ½ agurk
- 1 peberfrugt
- ½ kop lilla blomkål (valgfrit)
- ½ kop rødkål
- 1 avocado
- En håndfuld koriander
- En håndfuld frisk mynte
- En håndfuld thaibasilikum
- Spiselige blomster (valgfrit)

PROTEIN (VALGFRI):
- ½ kop tofu

DIPS OG DRESSINGER:
- Peanut dipping sauce
- Salatdressing (jordbær-, hindbær- eller brombærdressing)

INSTRUKTIONER:
FORBERED FYLDNINGERNE

a) Begynd med at koge vermicelli nudlerne i henhold til pakkens anvisninger, og sørg for, at de køles helt af. Det går godt at blanchere dem kort og skylle dem med koldt vand.

b) Forbered frugterne og grøntsagerne ved at skære dem i tynde skiver eller julienne-stil. Du kan også bruge stempler til at skabe sjove former som hjerter, blomster eller stjerner. Til tofu skal du julienne den i tynde stafetstykker.

FORBERED DIN DIPPESAUCE/S

c) Du har forskellige muligheder for dipping saucer, såsom peanut butter dipping sauce, mango sweet chili sauce eller bærdressinger (jordbær, hindbær eller brombær).

d) Alternativt kan du servere rullerne med sojasovs.

FORBERED RISPAPIRET

e) Blødgør rispapirets indpakninger en ad gangen ved at dyppe dem i varmt vand i 5-10 sekunder.

f) Fjern dem, når de bliver bøjelige, men ikke helt bløde. Lad overskydende vand dryppe af og læg det på en flad overflade, som et fugtigt skærebræt eller køkkenrulle.

SAMLER SOMMERRULLENE

g) At fylde rullerne er ligetil. Start omkring en tomme fra indpakningskanten og lag dine fyldninger, såsom grøntsager, tofu (valgfrit), bærskiver og urter. Du kan også tilføje risnudler, hvis det ønskes.

h) Overvej rækkefølgen af INGREDIENSERNE , DA de først placerede vil være toppen af rullen.
i) For at pakke rullerne ind, stik i kanterne og rul gentagne gange, indtil de er forseglet. Det svarer til at rulle en burrito.
j) For æstetisk tiltalende ruller, drys frø og arrangere formede skiver af frugt eller grøntsager, før du tilføjer de resterende ingredienser .
k) Disse sommerruller nydes bedst med det samme eller samme dag. Server dem med din foretrukne dipsauce/s.
l) Opbevar eventuelle rester i køleskabet, individuelt indpakket for at forhindre, at rispapiret tørrer og revner.
m) Lad dem vende tilbage til stuetemperatur før indtagelse.

72. Sommerruller med morgenfruer og nasturtiums

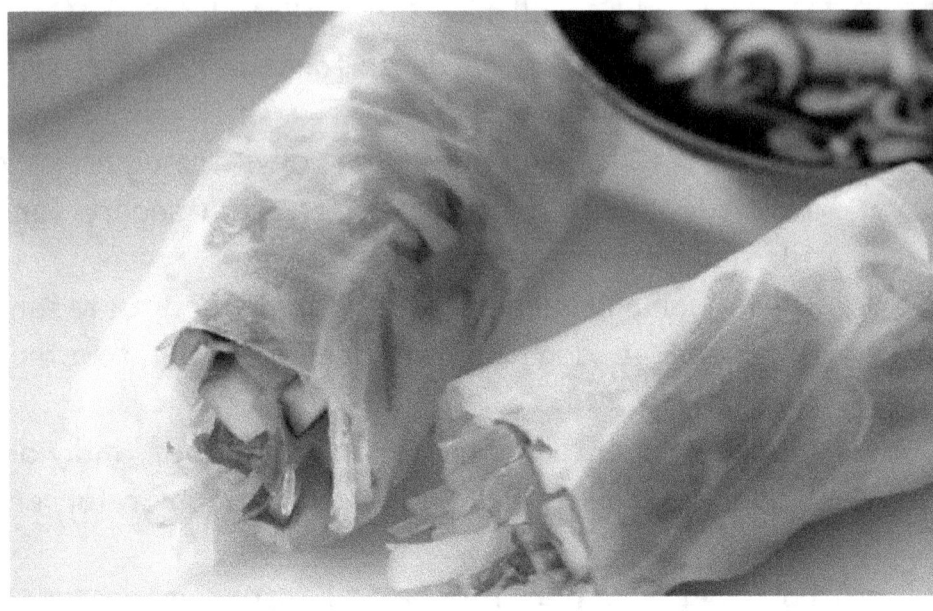

INGREDIENSER:
SOVS:
- $\frac{1}{2}$ kop ukrydrede ris eller hvid eddike
- 2 spiseskefulde . brunt sukker
- 4 teskefulde sojasovs med lavt natriumindhold
- 1 tsk majsstivelse
- 2 fed hvidløg, hakket (2 teskefulde)
- 1 tsk hakket frisk ingefær
- $\frac{1}{4}$ kop hakkede grønne løg

RULLER:
- To 2,4- ounce pakker med mungbønnetråde
- 24 8$\frac{1}{2}$-tommer runde rispapirindpakninger
- 1 $\frac{1}{2}$ kop julieneret gulerod
- 1 $\frac{1}{2}$ kopper julieneret agurk
- 1$\frac{1}{2}$ dl bønnespirer
- 1 kop i tynde skiver på skæve grønne løg
- $\frac{1}{2}$ kop hakkede morgenfruer
- $\frac{1}{2}$ kop hakket nasturtium
- $\frac{1}{4}$ kop grofthakket frisk mynte
- $\frac{1}{4}$ kop grofthakket frisk koriander

INSTRUKTIONER:
SOVS:
a) Pisk eddike, farin, sojasauce og majsstivelse sammen i en gryde.
b) Rør hakket hvidløg og ingefær i.
c) Bring blandingen i kog, reducer derefter varmen til medium-lav og lad det simre i 3 minutter.

d) Lad saucen køle af, og rør derefter de hakkede grønne løg i.

RULLER:

e) Kog mungbønnetrådene efter pakkens anvisninger. Dræn, skyl med koldt vand og dræn igen.
f) Fyld en 9-tommer rund kageform med 1 tomme varmt vand.
g) Læg et rispapir i blød i varmt vand, indtil det er blødt. Overfør det til en arbejdsflade og dup det tørt.
h) Arranger 3 spiseskefulde bønnetråde over midten af indpakningen.
i) Top med 1 spiseskefuld gulerod, agurk og bønnespirer, og tilsæt derefter 2 tsk grønne løg, 1 tsk morgenfrue, 1 tsk nasturtium, ½ tsk mynte og ½ tsk koriander.
j) Fold bunden af indpakningen over fyldet, fold siderne ind, og rul stramt op, burrito-stil.
k) Gentag processen med de resterende omslag og fyld.
l) Server rullerne med den tilberedte sauce.
m) Nyd dine sommerruller med morgenfruer og nasturtiums!

73. Blomsterforårsruller med mandel-sojasauce

INGREDIENSER:
FORÅRSRULLER
- 8 radiser, skåret i strimler
- 5 grønne løg, skåret i strimler
- ½ agurk, skåret i strimler
- ½ rød peberfrugt, skåret i strimler
- ½ gul peberfrugt, skåret i strimler
- 1 avocado, skåret i strimler
- ½ kop friske krydderurter, groft hakket
- ½ kop spiselige blomster tilbage hele
- 9 forårsrullepapir af rispapir

SOVS
- 3 spsk mandelsmør
- 1 spsk sojasovs
- 1 spsk limesaft
- 1 spsk honning
- 1 tsk revet ingefær
- 1 spsk varmt vand

INSTRUKTIONER:
a) Kombiner alle sauce ingredienser i en skål.
b) Fyld et lavt fad med varmt vand. Arbejd en ad gangen og læg forsigtigt et rispapir i det varme vand i cirka 15 sekunder, eller indtil det er blødt og smidigt.
c) Flyt papiret til en fugtig overflade.
d) Arbejd hurtigt og stak fyld på rispapiret i en lang, smal række, efterlader omkring 2 tommer på hver side.

e) Fold siderne af rispapiret over højen, og rul derefter forsigtigt.
f) Dæk de færdige forårsruller i et fugtigt køkkenrulle, indtil de skal spises.
g) Server med mandelsmør-dipping sauce, eventuelt skåret i halve til servering.

74. Grillet oksesalat pakket ind i rispapir

INGREDIENSER:
- 1 pund udbenet oksekød rund (1 tomme tyk)
- 2 stilke frisk citrongræs
- 2 skalotteløg
- 3 fed hvidløg
- 1 frisk serrano chili
- 1 spsk sukker
- 1 spsk vietnamesisk fiskesauce (nuoc mam)
- 1 spsk asiatisk sesamolie
- 1 spsk sesamfrø
- 2 ounce tørrede rispindnudler
- Kogende vand
- 12 store røde salatblade
- 1 lille engelsk agurk, skrællet og julieneret
- 24 friske mynteblade
- 36 friske korianderblade, hver med lidt stilk
- Nuoc cham dipsauce
- 12 (12-tommer) tørrede rispapircirkler

NUOC CHAM DIPPING SAUCE:
- 4 fed hvidløg
- 2 friske chili (gerne serrano)
- 2 spsk sukker
- 6 spsk vietnamesisk fiskesauce (nuoc mam)
- 4 spsk frisk limesaft
- 6 til 8 spsk vand

INSTRUKTIONER:
MARINERING AF OKSEkød:
a) Skær oksekødet i stykker på 4 x ¾ tommer. Skær hvert stykke på tværs af kornet i ¼-tommer tykke strimler.
b) Fjern og kassér de seje yderste blade af citrongræsset. Skær det møre hvide hjerte i 1-tommers længder og kom dem i en foodprocessor med skalotteløg, hvidløg, chili og sukker; forarbejde til en pasta.
c) Overfør pastaen til en skål og bland fiskesauce, sesamolie og sesamfrø i. Tilsæt oksekødsskiverne, bland godt og mariner i mindst 3 timer eller natten over.

FORBEREDELSE AF RISSTÅNUDLER OG TILBEHØR:
d) I en mellemstor skål dækkes rispindnudlerne med kogende vand; lad dem stå i 1 minut, og dræn dem derefter. Arranger rispindsnudler, salat, agurkstrimler, mynte og koriander i separate bunker på et fad, så der er plads til oksekødet. Afkøles.
e) Grillning af oksekød:
f) Lige inden servering forvarmes en grillrist over glødende kul. Grill oksekødsstrimlerne i 30 sekunder på hver side, lige indtil de er pænt svitsede. Alternativt kan du placere oksekødsstrimlerne på den højeste ovnrist under en varm slagtekylling og stege dem på hver side, indtil de er svitset. Anret oksekødet på fadet.

AT LAGE RIPAPIRrullerne:

g) Hav et fad dipsauce og en eller flere brede skåle med varmt vand på bordene. Hver gæst dypper en rispapircirkel i en vandskål og fordeler den straks fladt på en tallerken eller et fugtigt håndklæde. Cirklen vil rehydrere og blive smidig på få sekunder.

h) For at lave en forårsrulle skal du lægge et salatblad på den nederste tredjedel af den fugtede cirkel. Top den med 2 eller 3 skiver oksekød, en stor spiseskefuld nudler, flere strimler agurk og et par blade mynte og koriander.

i) Fold den nærmeste kant af rispapiret over fyldet, rul derefter papiret op omkring fyldet, hold det stramt. Halvvejs, fold den ene ende over for at omslutte fyldet; så fortsæt med at rulle.

j) Dyp den åbne ende af rullen i nuoc cham dipping saucen og spis den med fingrene.

AT LAVE NUOC CHAM DIPPESAUCEN:

k) For at lave dipsaucen skal du male 4 fed hvidløg, 2 friske chili (gerne serrano) og 2 spsk sukker til en pasta i en morter, blender eller mini foodprocessor.

l) Rør 6 spiseskefulde vietnamesisk fiskesauce (nuoc mam), 4 spiseskefulde frisk limejuice og 6 til 8 spiseskefulde vand. Si saucen over i en dyppeskål.

75. Oksekød og Quinoa ruller med tamarind sauce

INGREDIENSER:

- 100 g (½ kop) trefarvet quinoa
- 225 ml vand
- 30 g palmesukker, finthakket
- 5 tsk fiskesauce
- 1 spsk tamarindpuré
- 1 lille fed hvidløg, knust
- 2 tsk limesaft
- ¾ tsk frisk ingefær, fint revet
- 400 g oksekød steak
- 2 grønne skalotteløg, skåret i tynde skiver
- 12 ark rispapir, 22 cm i diameter
- 1 lang frisk rød chili, skåret i tynde skiver
- 12 store friske mynteblade
- 150 g bønnespirer
- 12 friske korianderkviste

INSTRUKTIONER:

a) Kom quinoa og 185 ml (¾ kop) vand i en gryde ved middel-lav varme. Bring det i kog og rør af og til.

b) Lad quinoaen simre i 10-12 minutter eller til den er mør. Lad det køle lidt af.

c) Til saucen kombineres palmesukker, fiskesauce, tamarindpuré, knust hvidløg og det resterende vand i en gryde ved middel-lav varme.

d) Rør konstant i 3 minutter, og lad det derefter simre i yderligere 2 minutter, indtil det tykner lidt.

e) Kom saucen over i en skål og tilsæt limesaft og fintrevet ingefær. Lad det køle af.

f) Opvarm en chargrill over medium-høj varme.
g) Sprøjt oksekødssteaken med olivenolie og krydr den.
h) Steg bøffen, vend den, i cirka 4 minutter for medium tilberedningsgrad, eller indtil den når dit foretrukne niveau.
i) Lad det kogte oksekød hvile i 4 minutter, og skær det derefter i tynde skiver.

SAMLER RISPAPIRSrullerne

j) Rør de tynde skiver grønne skalotteløg og 3 tsk af tamarind-dipsaucen i den kogte quinoa.
k) Dyp et ark rispapir i koldt vand i 10 sekunder, eller indtil det begynder at blive blødt, og dræn det derefter på et rent viskestykke.
l) Læg det blødgjorte rispapirsark på en arbejdsflade og tilføj 2 chiliskiver og et mynteblad langs midten.
m) Top med en portion af quinoablandingen, bønnespirer, skiver af grillet oksekød og en korianderkvist.
n) Fold enderne af rispapirarket ind og rul det fast sammen for at omslutte fyldet.
o) Gentag processen med de resterende rispapirark.
p) Server oksekødet og quinoa-rispapirsrullerne med den resterende tamarind-dyppesauce.

76. Citrongræs oksekød rispapir ruller

INGREDIENSER:
- 125 g ris vermicelli nudler
- ¼ kop (60 ml) fiskesauce
- 1½ spsk brun farin
- 2 fed hvidløg, knust
- 1 lang rød chili, finthakket
- 1 stilk citrongræs, kun blegt snit, forslået, finthakket
- 500 g Coles australsk oksefiletbøf, skåret i 2 cm tykke bøffer
- Olivenolie spray
- 1 stor gulerod, skrællet, skåret i tændstik
- 1 libanesisk agurk, halveret, kernet, skåret i tændstik
- 2 forårsløg, skåret i 5 cm længder
- 1 kop friske mynteblade
- 12 runde (22 cm i diameter) ark af rispapir

TIL DIPPESAUCE:
- 2 spsk fiskesauce
- 1½ spsk brun farin
- 2 spsk limesaft
- ½ lang rød chili, kernet, finthakket

INSTRUKTIONER:
a) Læg ris vermicelli nudlerne i en varmefast skål og dæk dem med kogende vand. Stil til side i 3 minutter for at trække, og dræn derefter godt.

b) I en kande røres fiskesauce, farin, presset hvidløg, finthakket chili og finthakket citrongræs sammen, indtil sukkeret er opløst. Krydr blandingen. Læg oksekødet i et glas- eller keramisk fad, og hæld marinaden over det, vend til belægning.

c) Sprøjt en stor stegepande med olivenolie og varm den op ved middelhøj varme.
d) Dræn oksekødet fra marinaden og steg det i 3 minutter på hver side i medium eller indtil det når det ønskede niveau.
e) Overfør det kogte oksekød til en tallerken, dæk det med folie, og lad det hvile i 5 minutter, før det skæres i tynde skiver.
f) For at lave dipsaucen skal du kombinere fiskesauce, brun farin, limesaft og hakket chili i en kande.

AT SAMLE

g) Sip et ark rispapir i en skål med varmt vand i 30 sekunder for at blødgøre det, og dræn det derefter på køkkenrulle.
h) Overfør det til en tallerken, og arranger mynteblade, gulerod, agurk, forårsløg, nudler og oksekød i skiver langs midten.
i) Fold enderne ind og rul stramt sammen for at omslutte fyldet.
j) Server rispapirsrullerne med dipsaucen.
k) Nyd dine lækre vietnamesiske citrongræsbeef rispapirruller!

77. Oksekød Bulgogi forårsruller

INGREDIENSER:
- 6 stykker 22 cm (8,6 tommer) vietnamesisk rispapir
- 200 g supermarked oksekød bulgogi (eller hjemmelavet)
- 50 g revet hvidkål
- 20 g revet rød (lilla) kål
- 20 g koriander (med et par mynte- eller basilikumblade)
- Halv gulerod, fintrevet eller skåret i tændstik
- 75 g salatblanding (eller salat som romaine eller koraller)
- Halv peberfrugt (capsicum), skåret i strimler (trifarvet for det bedste udseende)
- 6 lange stykker purløg eller forårsløg (spidskål), valgfrit

DIPPESAUCE:
- 4 tsk instant ssamjang sauce (eller hjemmelavet)
- 1 tsk sriracha chilisauce for ekstra varme (tilpas efter smag)
- 2 tsk ponzu sauce
- 1 ½ spsk goma (sesam) salatdressing

INSTRUKTIONER:
a) Kog oksebulgogien i en gryde med en smule olie, og pas på ikke at overkoge den. Del den i 6 portioner og stil til side.
b) Forbered de resterende ingredienser. Hav også en dyb tallerken eller skål med vand klar til at dyppe rispapirsrullerne.

c) Lav dipsaucen ved at kombinere ingredienser (A) i en lille skål under omrøring indtil glat. Juster smagen til din præference. Fordel saucen i to små underkopper og drys med ristede sesamfrø.

AT SAMLE:

d) Dyp hurtigt et stykke rispapir i vand, indtil det bliver blødt (ca. 7-10 sekunder).
e) Læg det blødgjorte rispapir på en stor tallerken eller træplade.
f) Vælg en af følgende to rullestile:
g) Grundrulle: Arranger salatblandingen (eller salat) og de øvrige ingredienser (undtagen purløg) i midten af rispapiret. Fold venstre og højre side ind efterfulgt af undersiden. Rul wrap væk fra dig, mens du holder fyldet tæt.
h) Æstetisk rulle: Arranger ingredienserne som vist på billedet. Det øverste oksekødslag vil være forårsrullens "ansigt". Fold i venstre og højre side, efterfulgt af fold den nederste kant opad. Rul wrap væk fra dig, og hold fyldet tæt.
i) Når du når bunden af oksekødet, sætter du en dekorativ purløg eller forårsløg i og lader den stikke ud af forårsrullen. Fortsæt med at rulle den sidste del af wrap. Vend forårsrullen for at afsløre den æstetiske side med oksekødet.
j) Server forårsrullerne med dipsaucen. Hvis du ikke spiser dem med det samme, så pak pladen med forårsruller ind med husholdningsfilm.

k) Rester kan opbevares i køleskabet i en lufttæt beholder i op til 2 dage, hvor hver forårsrulle pakkes ind i husholdningsfilm. God fornøjelse!

78. Satay oksekød rispapir ruller

INGREDIENSER:
- ½ kontinental agurk, fjernet fra kerner og skåret i tændstik
- 1 rød paprika, skåret i skiver
- 1 rød chili, skåret i skiver
- 1 pakke thaibasilikum
- ½ pose (200 g) coleslaw
- 600 g oksebagbøffer
- 1 pakke rispapirruller
- 1 flaske (150 ml) peanut satay sauce
- Olie (til madlavning)
- Salt
- Peber
- 1 tsk stødt gurkemeje

INSTRUKTIONER:
a) Udskær og skær agurken i tændstik. Skær paprika og chili i skiver. Pluk basilikumbladene. Stil til side med coleslawen.
b) Overtræk oksekødet med 1 tsk gurkemeje, 1 spsk olie, og smag til med salt og peber. Varm en stegepande op over høj varme. Steg bøfferne i 3-4 minutter på hver side, eller indtil de er stegt efter din smag. Tag af panden og skær i tynde skiver.
c) Læg et rent viskestykke og et lavt fad vand på bordet. Læg et ark rispapir i blød i vand i 5 sekunder. Læg det på viskestykket og lad det stå til det er blødt.
d) Læg fyld og oksekød i midten af runden.

e) Fold enderne ind og rul for at pakke dem fast.
f) Gentag med de resterende rispapirark.
g) Hæld sataysaucen i en dyppeskål og løsn den med 1-2 spsk vand. Server med rispapirsrullerne.

79. Myntede oksekødsrispapirruller

INGREDIENSER:
TIL MYNDEKØFET:
- 300 g magre oksekødsstrimler
- 2 fed hvidløg, hakket
- 1 tsk revet ingefær
- 1 spsk sojasovs
- 1 spsk honning
- ½ tsk chiliflager (tilpas efter smag)
- Friskkværnet sort peber efter smag
- 1 spiseskefuld vegetabilsk olie

TIL RISPAPIRSrullerne:
- 12 runde rispapirsindpakninger
- 1 kop vermicelli nudler, kogt og afkølet
- 1 agurk, finthakket
- 1 gulerod, finthakket
- 1 peberfrugt, skåret i tynde skiver
- Friske mynteblade
- Friske korianderblade
- Salatblade

TIL DIPPESAUSEN:
- ¼ kop hoisinsauce
- 2 spsk jordnøddesmør
- 2 spsk vand
- 1 spsk sojasovs
- 1 tsk sriracha sauce (tilpas efter smag)
- Saft af 1 lime

INSTRUKTIONER:
TIL MYNDEKØFET:
a) I en skål kombineres hakket hvidløg, revet ingefær, sojasovs, honning, chiliflager og sort peber.
b) Mariner oksekødstrimlerne i denne blanding i cirka 15-20 minutter.
c) Varm vegetabilsk olie i en gryde over medium-høj varme. Tilsæt det marinerede oksekød og steg i cirka 3-4 minutter på hver side, eller indtil det er kogt efter din smag. Fjern fra varmen og lad det køle af.
d) Når det er afkølet, skæres oksekødet i tynde strimler.

TIL DIPPESAUSEN:
e) I en lille skål piskes hoisinsauce, jordnøddesmør, vand, sojasauce, srirachasauce og limesaft sammen, indtil det er godt blandet. Juster sriracha-saucen til dit foretrukne niveau af krydrethed.

SAMLING AF RISPAPIRSrullerne:
f) Forbered en lav skål med varmt vand.
g) Tag en rispapirindpakning og dyp den i det varme vand i cirka 10-15 sekunder, eller indtil den bliver smidig, men ikke for blød.
h) Læg det blødgjorte rispapir på en ren overflade.
i) I midten af rispapiret tilsættes et lille antal kogte vermicelli nudler, efterfulgt af agurk, gulerod, peberfrugt, mynteblade, korianderblade, salat og et par strimler af myntet oksekød.

j) Fold siderne af rispapiret ind, og rul det derefter stramt sammen, svarende til at rulle en burrito.
k) Gentag processen med de resterende rispapirsindpakninger og fyld ingredienser .
l) Server de prægede oksekøds-rispapirruller med den tilberedte dipsauce.

80. Sommerfugle Ærter Sommerruller

INGREDIENSER:
- 8 ounce risnudler
- 1 spsk Blue Butterfly Pea Pulver
- 2 gulerødder, skåret i tynde skiver
- 2 mini agurker, skåret i tynde skiver
- Lilla kål, skåret i tynde skiver
- Frisk mynte
- Indpakning af rispapir

PEANUTSAUCE:
- $\frac{1}{4}$ kop jordnøddesmør
- 2 spsk tamari eller sojasovs
- 2 spsk vand
- 1 spsk riseddike
- 1 tsk kokossukker
- $\frac{1}{2}$ tsk malet ingefær
- $\frac{1}{2}$ tsk rød peberflager

INSTRUKTIONER:
a) Bring 8 kopper vand i kog i en stor gryde. Pisk Blue Butterfly Pea Powder i, og tilsæt derefter risnudler.
b) Sluk for varmen og lad nudlerne trække i 8-10 minutter, til de er al dente. Dræn og skyl med koldt vand.
c) Pisk alle ingredienser til jordnøddesauce sammen, indtil det er glat.
d) Forbered alle ingredienser til sommerruller. Fugt et rispapir i vand i et par sekunder, og overfør det derefter til en flad overflade.

e) Arranger risnudler og grøntsager i skiver nederst i midten af wrap, efterlad plads til højre, venstre og bund.
f) Fold højre og venstre side over fyldet, og rul derefter nedefra og op for at omslutte fyldet.
g) Gentag med de resterende rispapirsindpakninger og fyld.
h) Skær i halve og nyd med jordnøddesauce!

81. Rose-inspirerede rispapirruller

INGREDIENSER:
- 6 ounce tørrede ris vermicelli nudler
- ½ kop friskplukkede kulinariske rosenblade
- 12 cirkulære rispapirer
- 1 ¼ kopper tynde skiver radiser og/eller engelske agurker
- ¼ kop friske mynteblade
- ¼ kop friske korianderblade

ROSEDYPPESAUCE
- ¼ kop sojasovs
- ¼ kop roseneddike

INSTRUKTIONER:
a) I en stor gryde koges nudlerne i kogende letsaltet vand i 2 til 3 minutter, eller indtil de lige er møre. Dræn og skyl under koldt vand, dræn derefter godt af.

b) Skær de afkølede nudler i korte stykker i en rummelig skål og vend dem med ¼ kop rosenblade.

c) For at samle rullerne: Hæld varmt vand i en lav skål eller tærtefad. Tag et rispapir ad gangen, og dyp det i vandet, indtil det bliver smidigt.

d) Læg omkring ¼ kop risnudler omkring en tredjedel af vejen op fra bunden, mod midten af rispapiret. Fold den nederste kant op over fyldet og rul stramt én gang.

e) Læg nogle af grøntsagerne, krydderurterne og de resterende rosenblade på papiret over den rullede

del. Stik siderne ind, og fortsæt med at rulle for at forsegle rispapiret rundt om fyldet.
f) Gentag denne proces med de resterende rispapirer. Server rullerne med Rose Dipping Sauce.

ROSEN -DIPPESAUS:
g) Kombiner $\frac{1}{4}$ kop sojasovs og $\frac{1}{4}$ kop roseneddike i en lille skål.
h) Drys med groftkværnet sort peber.

82. Viola rispapirruller

INGREDIENSER:
- 12 runde ark rispapir
- 1 agurk, skåret i tynde strimler
- 1 gulerod, skåret i tynde strimler
- 1 rød peberfrugt, skåret i tynde strimler
- Glasnudler (mængde efter behov)
- Frisk koriander, finthakket (mængde efter behov)
- Friske mynteblade (mængde efter behov)
- Bønnespirer (mængde efter behov)
- Tempeh (mængde efter behov)
- Lille perle salatblade (mængde efter behov)
- Sesamfrø (mængde efter behov)
- Saft af en halv citron
- Spiselige bratschblomster (2 til 3 pr. rulle)

INSTRUKTIONER:
a) Sørg for, at alle forberedelser er gennemført, før du begynder at rulle. Dette inkluderer at skære agurk, gulerod og rød peber i tynde strimler.
b) Hak koriander og mynte fint. Tilbered glasnudlerne efter anvisningen på emballagen, brun sesamfrøene i en stegepande, og tilbered tempeh efter behov.
c) Nu kan du begynde at samle rullerne. Læg et rundt ark rispapir i blød i varmt vand, indtil det bliver bøjeligt, og læg det derefter på en ren overflade til påfyldning.
d) Brug et blad af lille ædelstenssalat som base for hver rulle. Tilsæt en lille mængde af alle ingredienserne på langs på salatbladet: agurk,

gulerod, rød peber, glasnudler, bønnespirer, tempeh, koriander og mynte.

e) Som den sidste ingrediens skal du tilføje 2 til 3 spiselige blomster (såsom begonia) til hver rulle for at få et smukt strejf af surhed.

f) Afslut sommerrullen med at drysse sesamfrø ovenpå og dryppe med citronsaft.

g) For at rulle sommerrullen skal du først vende den ene bred klap tilbage og derefter folde siderne ind. Hvis det gøres korrekt, vil du bemærke, at rullen allerede klistrer godt til. Hold godt fast i siden og fold den anden brede flap så stramt som muligt i en rullende bevægelse.

h) Server sommerrullerne med en krydret jordnødde- eller teriyakisauce til dypning. Nyd dine lækre og visuelt tiltalende sommerruller med blomster!

83. Smukke Stedmoderblomster Sommerruller

INGREDIENSER:

- 8 8½-tommer runde forårsrulleindpakninger af rispapir
- 2 mellemstore gulerødder, skrællet og skåret i ¼-tommer tændstikker
- 2 persiske agurker, skåret i ¼-tommer tændstikker (ca. 2 kopper)
- 2 kopper frisk basilikum, mynte og korianderblade
- 2 kopper stedmoderblomster med levende farver

INSTRUKTIONER:

a) Fyld en stor skål med stuetemperatur vand.
b) Dyp en risindpakning i vandet, lige indtil indpakningen bliver smidig, cirka 3 sekunder.
c) Læg den blødgjorte risindpakning fladt på en ren arbejdsflade.
d) Arranger ¼ kop af stedmoderblomsterne jævnt oven på indpakningen.
e) Tilføj ¼ kop friske krydderurter i et jævnt lag, og sørg for, at indpakningen er helt dækket af urter.
f) Placer ¼ kop gulerødder og ¼ kop agurk i en vandret række på tværs af midten af indpakningen, efterlad en 1-tommers kant på hver side. Vær forsigtig med ikke at overfylde indpakningen.
g) Brug begge hænder til at løfte bunden af indpakningen op og over fyldet, og tryk forsigtigt ned. Rul indpakningen helt rundt og rundt for at skabe en stram cylinder, der foldes ind i siderne af indpakningen halvvejs gennem rulningen.

h) Gentag processen med de resterende omslag og fyld.
i) Server sommerrullerne med det samme og nyd denne livlige og visuelt tiltalende ret!

84. Southern King Crab Spring Roll

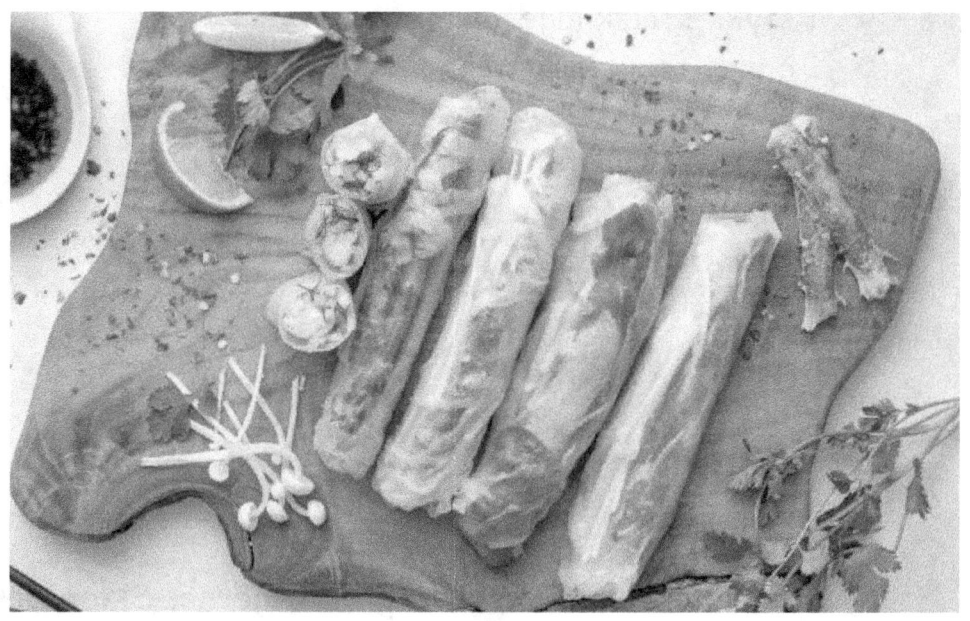

INGREDIENSER:
- Kogte sydlige kongekrabbeklaser
- 1 stykke frisk ingefær
- 1 bundt frisk koriander
- 100 gram ærtespirer
- 100 gram enokisvampe
- 10-12 stilke grønne asparges
- 1 agurk
- 2 gulerødder
- Rispapir
- Chili olie
- Sød og sur sauce

INSTRUKTIONER:
a) Start med at forberede grøntsagerne. Skær dem i tynde julienne strimler.
b) Forbered den sydlige kongekrabbe ved først at skære enden af klyngen af. Bøj derefter leddet forsigtigt bagud, så du forsigtigt kan fjerne den indre brusk fra kødet. Skær den øverste ende af og bank let den åbne ende på et skærebræt for at frigøre kødet.
c) Følg instruktionerne på rispapirets emballage for at forberede det korrekt.
d) Læg alle dine ingredienser , og tag derefter et ark rispapir og læg de tilberedte ingredienser på det.
e) Rul rispapiret stramt rundt om ingredienserne , og lav en pæn forårsrulle.

f) Server dine Southern King Crab Spring Rolls med en side af krydret chiliolie til dypning og en sød og sur sauce.

85. Sommerruller med Chile-Lime Dipping Sauce

INGREDIENSER:
- 2 spsk fiskesauce
- 2 spsk limesaft
- 2 spsk sukker
- 2 spsk vand
- 1 lille rød chili, stødt
- 4 ounce ris vermicelli
- 12 5-tommer runde rispapirindpakninger
- ½ rød peberfrugt, skåret i strimler
- ½ gul peberfrugt, skåret i strimler
- ½ avocado, skåret i skiver
- 2 kopper lucernespirer
- 6 store basilikumblade, skåret i skiver

INSTRUKTIONER:
a) I en lille røreskål kombineres fiskesauce, limesaft, sukker, vand og chili under omrøring for at opløse sukkeret.
b) I en mellemstor gryde bringes lidt vand i kog.
c) Kog, under konstant omrøring, i 1 minut, eller indtil vermicelli er godt kogt; dræn og afkøl i en skål, vend jævnligt.
d) Fyld et lille bassin halvt med vand. 2 rispapirer ad gangen skal dyppes i vandet, rystes overskydende af, overføres til en arbejdsflade og lades blødgøre i 30 sekunder.
e) På den nederste tredjedel af hvert rispapir lægges en lille håndfuld vermicelli. Tilføj to strimler af rød og gul peberfrugt, en strimmel avocado, en strimmel

agurk og en stor håndfuld lucernespirer til toppen. Tilføj et par basilikumstrimler som prikken over i'et.

f) Flad ingredienserne ud og rul dem sammen i rispapir, fold dem på siderne efterhånden.

g) Tryk fast for at forsegle. Brug de resterende rispapirer og fyld til at gentage processen.

h) Når alle rullerne er færdige, deles dem i halve diagonalt og serveres med dipsauce.

86. Grøntsagsruller med bagt krydret tofu

INGREDIENSER:
- 1-ounce bønnetråd nudler, kogt og drænet
- 1½ kopper Napa-kål, strimlet
- ½ kop gulerod, revet
- ⅓ kop spidskål, skåret i tynde skiver
- 12 runde rispapir (8" diameter)
- 4 ounce bagt krydret tofu (1 kop)
- 24 store basilikumblade
- Peanut Miso Dressing

INSTRUKTIONER:
TIL FYLDET:
a) Klem forsigtigt de kogte bønnetrådsnudler for at frigive overskydende fugt, og hak dem derefter groft.
b) I en stor skål, smid de kogte nudler, strimlet Napa-kål, revet gulerod og tyndt skåret spidskål sammen.

TIL SAMLING AF FORÅRSRULLERNE:
c) Fyld en 10-tommer tærteplade med varmt vand. Nedsænk et af rispapirerne i vandet og læg det i blød, indtil det er bøjeligt, hvilket bør tage omkring 30 til 60 sekunder.
d) Overfør det blødgjorte rispapir til et rent køkkenrulle og dup det forsigtigt for at fjerne overskydende vand.
e) Arranger cirka ¼ kop af nudelblandingen langs den nederste tredjedel af rispapiret.
f) Fordel 5 eller 6 tern af den bagte krydrede tofu og 2 basilikumblade oven på nudlerne.

g) Løft den nederste kant af rispapiret over fyldet, fold siderne ind mod midten, og rul så forårsrullen op så stramt som muligt.

h) Gentag denne proces med de resterende rispapirer og fyld.

TIL PEANUT MISO-DRESSING:

i) Fordel Peanut Miso Dressing mellem flere små skåle og server den sammen med forårsrullerne til dypning.

AT TJENE:

j) Server grøntsagsforårsrullerne med det samme, eller stil dem på køl i en tæt lukket beholder i op til 2 dage (vend tilbage til stuetemperatur før servering).

k) Nyd dine grøntsagsforårsruller med bagt krydret tofu og jordnøddemisodressing! Disse ruller er en dejlig og sund snack eller forret.

87. Ruller af rispapir med svampe

INGREDIENSER:
- 1 spsk sesamolie
- 2 fed hvidløg, knust
- 1 tsk revet ingefær
- 2 skalotteløg, fint skåret
- 300 g champignon, hakket
- 40 g kinakål, fintrevet
- 2 tsk sojasovs med lavt saltindhold
- 16 store ark rispapir
- 1 bundt frisk koriander, blade plukket
- 2 mellemstore gulerødder, skrællede, fint skåret
- 1 kop bønnespirer, trimmet
- Ekstra saltfattig sojasovs til servering

INSTRUKTIONER:
FORBERED SVAMPEFYLDET
a) Varm sesamolie, presset hvidløg og revet ingefær op i en stegepande ved svag varme i 1 minut.
b) Tilsæt skalotteløg i fint tern, hakkede champignon og revet kinakål på panden.
c) Øg varmen til medium og kog i 3 minutter eller indtil ingredienserne er lige møre.
d) Overfør den kogte blanding til en skål, tilsæt sojasovs med lavt saltindhold, og stil det til side til afkøling.

Blødgør RISPAPIRSARKENE
e) Fyld en stor skål med varmt vand.

f) Læg 2 ark rispapir ad gangen i vandet for at blødgøre i cirka 30 sekunder. Sørg for, at de bliver bløde, men stadig faste nok til at håndtere.

SAMLER RULLERNE

g) Fjern de blødgjorte rispapirark fra vandet og dræn dem godt. Læg dem på et fladt bord.
h) Drys hver plade med friske korianderblade og læg den derefter sammen med en anden ark rispapir.
i) Top det dobbeltlagede rispapir med en spiseskefuld af svampeblandingen, og pas på at dræne overskydende fugt af.
j) Tilsæt julienerede gulerod og bønnespirer oven på svampeblandingen.
k) Fold enderne af rispapiret ind og rul arket fast.
l) Læg den forberedte rulle til side og dæk den med plastik.
m) Gentag processen med de resterende ingredienser for at skabe flere ruller.
n) Server champignonrispapirrullerne med det samme med ekstra saltfattig sojasovs til dypning.

88. Avocado- og grøntsagsrispapirruller

INGREDIENSER:
- 8 små rispapirsindpakninger
- ½ kop strimlet icebergsalat
- ¾ kop (50 g) bønnespirer, trimmet
- 1 lille gulerod, skrællet og revet
- 1 mellemstor libanesisk agurk, skrællet og skåret i bånd
- 1 mellemstor avocado, skrællet og skåret i strimler
- Sød chilisauce, til servering

INSTRUKTIONER:
a) Hæld varmt vand i en varmefast skål, indtil det er halvt fyldt.
b) Dyp det ene rispapir i vandet og læg det på en flad overflade.
c) Lad det stå i 20 til 30 sekunder, eller indtil det bliver blødt nok til at rulle uden at flække.

SAMLER RISPAPIRSRULLER
d) Læg en fjerdedel af den revne salat langs den ene kant af det blødgjorte rispapir.
e) Top salaten med en fjerdedel af bønnespirerne, revet gulerod, agurkebånd og avocadostrimler.
f) Fold enderne af indpakningen ind og rul den derefter fast for at omslutte fyldet.
g) For at forhindre rullen i at tørre ud, dæk den med et fugtigt viskestykke.
h) Gentag denne proces med de resterende rispapirindpakninger og fyld.

i) Server avocado- og grøntsagsrispapirrullerne med sød chilisauce til dypning.

j) Nyd disse lette og sunde rispapirruller fyldt med godheden fra frisk avocado og grøntsager!

89. Regnbueruller med Tofu-peanutsauce

INGREDIENSER:
- 12 runde 22 cm rispapir
- 2 avocadoer, skåret i tynde skiver
- 24 friske korianderkviste
- 24 store friske mynteblade
- 300 g rødkål, fintrevet
- 2 store gulerødder, skåret i tændstik
- 2 libanesiske agurker, uden kerner, skåret i tændstik
- 100 g bønnespirer, trimmet
- 3 grønne skalotteløg, skåret i tynde skiver

TOFU PEANUTSAUCE:
- 150 g Coles Nature's Kitchen Silken Tofu
- 70 g (¼ kop) naturligt glat jordnøddesmør
- 2 spsk risvinseddike
- 1 spsk Shiro misopasta (hvid misopasta)
- 3 tsk honning
- 3 tsk fintrevet frisk ingefær
- 2 tsk tamari
- 1 lille fed hvidløg, knust

INSTRUKTIONER:
TOFU PEANUTSAUCE:
a) Kom alle ingredienserne til tofu- sauce i en blender og blend, indtil det er glat. Sæt til side.

SAMLING AF RAINBOW RISPAPIRSRULLER:
b) Dyp et rispapir i koldt vand i 10-20 sekunder, eller indtil det begynder at blive blødt. Dræn det på et rent viskestykke og læg det på en arbejdsflade.

c) Top rispapirindpakningen med 2 avocadoskiver, 2 korianderkviste, 2 mynteblade, en portion rødkål, gulerod, agurk, bønnespirer og skalotteløg.
d) Fold enderne af rispapiret ind og rul det fast sammen for at omslutte fyldet.
e) Gentag denne proces med de resterende indpakninger.
f) Servér regnbue-rispapirrullerne med tofu-peanut-sauce ved siden af til dypning.

90. Tofu og Bok Choy rispapirruller

INGREDIENSER:
- 12 friske babymajs, halveret vandret
- 24 baby bok choy blade
- 300 gram fast silketofu
- 2 kopper (160 g) bønnespirer
- 24 x 17 cm firkantede rispapirark

CHILLISAUCE:
- ⅓ kop (80 ml) sød chilisauce
- 1 spsk sojasovs

INSTRUKTIONER:

a) Kog, damp eller mikroovn majs og bok choy separat, indtil de er møre. Dræne.

b) Kombiner imens ingredienserne til chilisaucen i en lille skål.

c) Halver tofuen vandret og skær hver halvdel i 12 lige strimler.

d) Kom tofuen i en mellemstor skål og bland den med halvdelen af chilisaucen.

e) Læg et ark rispapir i en mellemstor skål med varmt vand, indtil det lige er blødt.

f) Løft forsigtigt lagenet op af vandet og læg det på et viskestykke beklædt med et hjørne pegende mod dig.

g) Placer en tofu-strimmel vandret i midten af arket, og top den derefter med et stykke majs, et bok choy-blad og et par spirer.

h) Fold hjørnet mod dig ind over fyldet, rul derefter rispapiret for at omslutte fyldet, fold det ind på den ene side efter den første runde af rullen.
i) Gentag denne proces med de resterende rispapirark, tofu, majs, bok choy og spirer.
j) Server rullerne med den resterende chilisauce til dypning.

91. Pink rispapirruller med tamarindip

INGREDIENSER:

TIL DE PINK RISPAPIRSRULLER:
- 2-3 rispapirer pr
- Varmt, rest kogt vand fra kogte rødbeder

TIL TAMARIND DIP:
- 3 spiseskefulde Tamari
- 2 teskefulde tamarind
- ½ tsk sambal olek
- 2 teskefulde agave
- 1-2 cm rød chilipeber

FORSLAG TIL FYLDNING:
- Finstrimlet sprød salat
- Frisk koriander
- Svampe i skiver eller hele enoki-svampe
- Skåret avocado
- Skiver fersken, nektarin eller mango
- Sprødstegt tofu
- Cashew furikake

INSTRUKTIONER:

PINK RISPAPIRSRULLER:

a) Hæld varmt, eventuelt farvet vand fra kogte rødbeder i en bred, dyb skål.

b) Dyp et rispapir ad gangen og lad det trække i cirka et minut, indtil det bliver blødt.

TAMARIND DIP:

c) Vask den røde chili og skær den i tynde skiver, fjern frøene, hvis du foretrækker mindre varme.

d) Bland alle dip ingredienser i en lille skål og tilsæt chilipeber i skiver. Sæt til side.
e) Denne dip kan tilberedes på forhånd og stilles på køl i et par dage.

MONTAGE:
f) Læg det blødgjorte rispapir på skærebrættet og tilsæt det ønskede fyld.
g) Fold først siderne ind over fyldet, rul derefter hele rullen sammen.
h) Fugt om nødvendigt den sidste kant af rispapiret for at forsegle det.
i) Læg rullerne på en tallerken, og sørg for, at de ikke er for tæt pakket for at undgå at klæbe på grund af risstivelsen.
j) Nyd dine lyserøde rispapirruller med tamarindip og cashew-furikake!

92. Sommerruller i mexicansk stil

INGREDIENSER:
TIL SOMMERRULLENE:
- 2 kopper østerssvampe
- 1 spsk olivenolie
- $\frac{1}{4}$ tsk hver af salt, peber, spidskommen og chilipulver
- 1 majsøre
- 1 15-ounce dåse sorte bønner, drænet
- 1 rød peberfrugt, skåret i tynde skiver
- 1 avocado, skåret i tynde skiver
- 3 gulerødder, skåret i tynde skiver
- $\frac{1}{2}$ kop koriander eller persille, groft hakket
- 1 kop salat, groft hakket
- 9 rispapirer (8-10 papirer)

TIL SAUSEN:
- $\frac{1}{2}$ kop almindelig græsk yoghurt
- $\frac{1}{4}$ kop mayonnaise
- 1 spsk adobo sauce fra en krukke med chipotle peber
- $\frac{1}{4}$ tsk limesaft

INSTRUKTIONER:
TIL SOMMERRULLENE:
a) Rens svampene med et fugtigt køkkenrulle. Skær dem groft i stykker med to gafler.
b) Varm olivenolie op ved middelhøj varme i en stor sauterpande. Tilsæt svampe, salt, peber, spidskommen og chilipulver. Kog i 3 til 5 minutter, eller indtil svampene begynder at blive bløde. Overfør til en skål.

c) Skær alle grøntsagerne i tynde skiver og anbring dem i nærheden af dit arbejdsområde.
d) Fyld et lavt fad med varmt vand. Arbejd en ad gangen og læg et rispapir i det varme vand i cirka 15 sekunder, eller indtil det bliver blødt og smidigt. Flyt papiret til en fugtig overflade, som et træskærebræt.
e) Stable svampe, grøntsager og krydderurter på rispapiret i en lang, smal række, efterlader omkring 2 tommer på hver side. Fold siderne af rispapiret over højen, og rul derefter forsigtigt.
f) Dæk de færdige sommerruller med et fugtigt køkkenrulle, indtil de skal spises.

TIL SAUSEN:
g) Bland alle sauce ingredienser i en lille skål, smag til med salt og peber.
h) Servér saucen med sommerrullerne til dypning.
i) Nyd disse sommerruller i mexicansk stil som en frisk og lækker tilføjelse til dine sommermåltider!

93. Stegte skaldyrsforårsruller

INGREDIENSER:
FYLDNING:
- 8 ounce tynd ris vermicelli (bolle)
- 6 tørrede kinesiske svampe
- 1 spsk tørrede øresvampe
- 6 vandkastanjer eller ½ lille jicama, skrællet og hakket
- 4 ounces Frisk eller dåse klump krabbekød, plukket og drænet
- 8 ounce Rå rejer, afskallede, deveirede og hakket
- 12 ounce hakket svinekød skulder
- 1 mellemstor løg, hakket
- 4 Skalotteløg, hakket
- 4 fed hvidløg, hakket
- 2 spsk Nuoc mam (vietnamesisk fiskesauce)
- 1 tsk Friskkværnet sort peber
- 3 æg

MONTERING OG STEGNING:
- ½ kop sukker
- 80 små runder rispapir, hver 6 ½ tommer i diameter
- Jordnøddeolie, til stegning

TIL SERVERING:
- Nuoc Cham
- Grøntsagsfad

INSTRUKTIONER:
a) Start med at koge nudlerne til de er kogte.
b) Forbered også Nuoc Cham og grøntsagsfadet. Stil dem til side.

FORBERED FYLDET:
c) Udblød de to typer svampe i varmt vand, indtil de bliver bløde, cirka 30 minutter. Dræn dem og fjern stilkene. Pres svampene for at trække overskydende væske ud, og hak dem derefter.
d) Kombiner de hakkede svampe i en stor skål med alle de andre **FYLDNINGSINGREDIENSER** . Brug dine hænder til at blande alt grundigt. Stil fyldblandingen til side.

SAMLER RULLERNE:
e) Fyld en røreskål med 4 kopper varmt vand og opløs sukkeret i den. Dette sødede vand vil hjælpe med at blødgøre rispapiret og give det en dyb gylden farve, når det steges.
f) Arbejd med kun 4 ark rispapir ad gangen, og hold resten dækket med en knap fugtig klud for at forhindre krølning. Nedsænk et ark i det varme vand og fjern det hurtigt, spred det fladt på et tørt håndklæde. Sørg for, at arkene ikke rører hinanden, da de bliver bøjelige inden for få sekunder.
g) Fold den nederste tredjedel af hver rispapirsrunde op. Læg 1 generøs teskefuld fyld i midten af den foldede del, og tryk den til et kompakt rektangel. Fold den ene side af papiret over blandingen og derefter den anden side. Rul fra bund til top for at omslutte fyldet helt. Gentag denne proces, indtil hele fyldblandingen er brugt.

STEG RULLERNE:

h) Brug om muligt 2 gryder til stegning. Hæld 1 til 1½ tommer jordnøddeolie i hver stegepande og opvarm den til 325 °F (163 °C).
i) Tilføj nogle af rullerne til hver stegepande i partier, og sørg for, at de ikke trænger sig sammen eller rører hinanden for at forhindre at de klæber. Steg ved moderat varme i 10 til 12 minutter, vend dem ofte, indtil de bliver gyldne og sprøde.
j) Fjern de stegte ruller med en tang og lad dem dryppe af på køkkenrulle. Hold dem varme i en lav ovn, mens du steger de resterende ruller.

BETJENER:
k) Traditionelt serveres Cha Gio med det foreslåede tilbehør: salatblade, nudler og forskellige ingredienser fra grøntsagsfadet, alt pakket sammen og dyppet i Nuoc Cham.
l) For en alternativ serveringsmulighed skal du dele nudlerne og grøntsagsfadets ingredienser jævnt mellem individuelle skåle. Top hver med udskårne stykker af Cha Gio, jordristede jordnødder og Nuoc Cham.
m) Som en hurtig og nem forret kan Cha Gio serveres med kun Nuoc Cham.

94. S røget hummer Forårsrulle

INGREDIENSER:
- 2 Maine hummere
- 2 kopper hvide ris
- 2 kopper brunt sukker
- 2 kopper Sort litchi te
- 2 Moden mango
- ½ kop Jicama stave
- ½ kop mynte chiffonade
- ½ kop Basilikum chiffonade
- 1 kop Mungbønnetråde , blancheret
- Krabbe fiskesauce
- 8 Ark af rispapir

INSTRUKTIONER:
a) Forvarm en dyb hotelpande, indtil den er meget varm.
b) Tilsæt ris, sukker og te til den dybe gryde, og læg straks hummeren i den lavvandede, perforerede gryde ovenpå.
c) Forsegl hurtigt med aluminiumsfolie. Når rygeren begynder at ryge, ryges hummer i 10 minutter ved svag varme eller indtil den er gennemstegt. Afkøl hummer og skær derefter haler i lange strimler.
d) Kombiner jicama, mynte, basilikum og bønnetråd og vend med fiskesauce.
e) Udblød rispapir i varmt vand og læg nogle af blandingerne på det blødgjorte papir. Indlæg røgede hummerstrimler og mangoskiver.

f) Rul og lad stå i 10 minutter. Indpak rullerne individuelt tæt med plastfolie for at sikre, at de holder på fugten.

95. Rejer og Microgreen Wraps

INGREDIENSER:
- 2 ½ kopper blandede milde mikrogrønt: tat-soi, mizuna, rødbeder og chard
- 1 ½ spsk ristede sesamfrø eller sorte sesamfrø
- 8 omslag af rispapir, gennemblødt i varmt vand
- ¼ kop rød syltet ingefær, julienne
- ½ pund kogte rejer, pillede og udvundet
- ½ kop koriander mikrogrønt
- ¼ kop mynteblade

INSTRUKTIONER:
a) Fordel en lille mængde af hver ingrediens ned i midten af indpakningen.
b) Fold det ene hjørne op over greens, fold de to hjørner ved siden af, og rul derefter indpakningen op.
c) Gentag løbende med de resterende omslag.
a)

96. Hamachi forårsruller med lime chilesauce

INGREDIENSER:
TIL LIME CHILESAUCE:
- 1 kop Mirin
- ¼ kop blommevin
- ¼ kop Sake
- ¼ kop sød chilesauce
- 1-2 modne blommer, udstenede og hakkede (op til 2)
- Saft og skal af ½ appelsin
- 1-2 kaffir limeblade, meget fint julienerede (op til 2)

TIL FORÅRSRULLERNE:
- 6 spsk sesamolie
- ½ kop juliennedlagte gulerødder
- 2 spsk hakket hvidløg
- 2 spsk hakket ingefær
- 4 ounce bønnespirer
- 4 ounce Shiitake-svampe, skåret i skiver
- 1 japansk agurk, frøet og skåret i ¼-tommer tændstik
- ½ kop Daikon eller majroe skåret i ¼-tommer tændstikker
- 2 ounce bønnetråd nudler
- 2 spsk Let sojasovs
- 2 spsk fiskesauce
- 1 kop hakket frisk koriander
- 8 ark runde rispapirindpakninger
- 8 ounces Frisk Hamachi (gulfinnet tun), skåret i 8 strimler
- 1 æg, pisket

- 1 spsk majsstivelse
- Jordnøddeolie til stegning
- 12 frisk purløg
- 1 tsk ristede hvide sesamfrø til pynt

INSTRUKTIONER:
TIL LIME CHILESAUCE:
a) I en tung gryde kombineres alle sauceingredienserne (Mirin, blommevin, Sake, Sweet chili sauce, modne blommer, appelsinjuice, appelsinskal, Kaffir limeblade).
b) Bring blandingen til at simre ved høj varme, sænk derefter varmen og reducer langsomt til cirka 1 kop.
c) Si saucen og lad den køle af til stuetemperatur.

TIL FORÅRSRULLERNE:
d) Opvarm 2 spsk sesamolie i en wok eller stor sauterpande. Steg gulerødderne med en tredjedel af det hakkede hvidløg og ingefær ved høj varme i 30 sekunder. Overfør til en skål. Gentag processen for bønnespirer og svampe, og læg hver i en separat skål. Læg også agurk og daikon i separate skåle.
e) Bring en gryde med vand i kog, og kog bønnetrådsnudlerne, indtil de er bløde, cirka 10 til 15 minutter. Si dem gennem en sigte, kom dem over i en røreskål, og vend dem med sojasauce, fiskesauce og koriander. Sæt til side.
f) Dyp rispapirarkene i varmt vand i 10 sekunder for at blive bløde (undgå overblødning, da de kan gå i

stykker). Dup dem tørre med et rent køkkenrulle og læg dem ud på en arbejdsflade.

g) Læg en stribe Hamachi på hvert rispapirark og læg lag af forskellige grøntsager ovenpå. Pensl kanterne af rispapiret med det sammenpiskede æg, rul sammen, fold enderne ind som en burrito og drys med majsstivelse.

h) Opvarm nok jordnøddeolie i en stor stegepande til at komme ½ tomme op ad siderne.

i) Brug en tang til at nedsænke forårsrullerne i den varme olie og stege dem ved middel-lav varme i cirka 1 minut på hver side, eller indtil de er gyldne og sprøde.

j) Til servering skæres hver forårsrulle i halve. Hæld ¼ kop lime-chilesauce på hver serveringsfad, og stil 4 forårsrullehalvdele med skæresiden opad på saucen.

k) Pynt rullerne med frisk purløg og ristede hvide sesamfrø.

97. Tunforårsruller med lime og soja

INGREDIENSER:
- 1 pund sashimi-grade tun
- 1 spsk wasabipasta
- 2 spsk korianderblade
- 2 spsk hakket persille
- 8 forårsrullepapir
- Olie til friturestegning
- 2 spsk limesaft
- 2 spsk sojasovs

INSTRUKTIONER:
a) Begynd med at forberede tunen. Skær den i stykker, der er cirka 2 cm brede og 10 cm lange.
b) Fordel hvert stykke tun let med et tyndt lag wasabipasta.
c) Rul tunstykkerne i en blanding af korianderblade og hakket persille, og sørg for, at de er jævnt belagt.
d) Tag hvert stykke tilberedt tun og pak det ind i en forårsrulleindpakning. Brug lidt vand til at forsegle enderne af indpakningen, og sørg for, at de er tæt lukket.
e) I en dyb stegepande eller gryde opvarmes olie til friturestegning.
f) Friturestég tunforårsrullerne forsigtigt i den varme olie i cirka 30 til 45 sekunder, eller indtil de bliver let gyldne og sprøde.
g) Fjern forårsrullerne fra olien og læg dem på absorberende papir for at dræne overskydende olie.

h) I en lille skål kombineres limesaften og sojasovsen for at skabe en dipsauce.
i) Server tun-forårsrullerne med lime- og soja-dipsauce sammen med en asiatisk grøn salat.
j) Nyd dine lækre tunforårsruller med lime og soja!

98. Lakserulle med kinesisk sort bønnesauce

INGREDIENSER:
KINESISK SORT BØNNESAUCE:
- 2 spsk rapsolie
- 1 løg, finthakket
- 2 tsk finthakket hvidløg
- 1 spsk skrællet, finthakket frisk ingefær
- 1 kop sherry
- 1 dåse tomater i tern (28 ounce)
- 1 spsk fiskesauce eller tamari
- ½ kop kinesisk fermenterede sorte bønner, skyllet
- 3 spsk blandede hakkede krydderurter
- Salt, efter smag
- Friskkværnet sort peber efter smag

LAKS:
- 4 laksefileter (6 ounce hver), flået
- Salt, efter smag
- Friskkværnet sort peber efter smag
- 4 cirkulære rispapirark (8" eller 10" diameter, tilgængelig på asiatiske specialmarkeder)
- 4 kviste frisk koriander
- 1 spsk rapsolie

DAMPET BABY BOK CHOY OG TAT SOI:
- 4 hoveder baby bok choy
- ½ pund tat soi eller spinat, vasket og opstammet
- 1 tsk sesamolie
- Salt, efter smag
- Friskkværnet sort peber efter smag

INSTRUKTIONER:
KINESISK SORT BØNNESAUCE:
a) Varm rapsolien op i en mellemstor gryde.
b) Svits de finthakkede løg, hvidløg og ingefær i 3 til 5 minutter.
c) Tilsæt sherryen og reducer med en tredjedel.
d) Rør de hakkede tomater i og lad det simre i 2 minutter.
e) Tilsæt fiskesauce (eller tamari), skyllede sorte bønner og blandede krydderurter. Smag til og juster krydderier med salt og friskkværnet sort peber.

LAKS I RISEPAPIR:
f) Krydr laksefileterne med salt og friskkværnet sort peber.
g) Dyp rispapiret i en skål med varmt vand. Fjern dem fra vandet og læg dem på en flad overflade. Vent 1 til 2 minutter, indtil arkene absorberer vandet.
h) Flyt det første ark rispapir til midten af din arbejdsflade. Læg et par korianderblade i midten af rispapiret.
i) Læg en laksefilet med oversiden nedad i midten, dæk korianderbladene.
j) Fold de fire sider af rispapirarket op for at danne en pakke. Vend pakken og opbevar den under et knapt fugtet håndklæde, mens du forbereder de resterende tre fileter.
k) Varm rapsolien op i en sauterpande. Svits de øverste sider af laksepakkerne i 2 til 3 minutter, indtil rispapiret bliver gennemsigtigt.

l) Vend pakkerne og færdiggør tilberedningen på komfuret eller i en 350°F (175°C) ovn i 5 til 8 minutter, afhængigt af din ønskede færdighed.

DAMPET BABY BOK CHOY OG TAT SOI:

m) Blancher baby bok choy og tat soi (eller spinat) i kogende vand. Dræn og vend med sesamolie, salt og friskkværnet sort peber.

MONTAGE:

n) Hæld den kinesiske sorte bønnesauce på hver af de 4 store middagstallerkener, og vip tallerkenen for at fordele saucen jævnt.

o) Læg laksepakken lidt væk fra midten på hver tallerken.

p) Tilføj 1 hoved baby bok choy og noget af tat soi (eller spinat).

q) Server straks og nyd din laks pakket ind i rispapir med kinesisk sort bønnesauce!

99. Ruller af rispapir med rejer

INGREDIENSER:

- 50 g vermicelli risnudler
- 24 små rispapirark
- $\frac{1}{2}$ kop korianderblade
- $\frac{1}{2}$ kop mynteblade
- 500 g kogte rejer, pillede, afveget, halveret på langs
- 2 libanesiske agurker, frøet, skåret i lange tændstik
- 2 røde radiser, skåret i tynde skiver
- $\frac{1}{2}$ kop (125 ml) sød chilisauce

TIL SYLTET GULEROD:

- 2 gulerødder, skrællede, skåret i tændstik
- $\frac{1}{4}$ kop (60 ml) risvinseddike
- 1 spsk rørsukker
- 1 tsk salt
- 1 rød birdseye chili, frøet, finthakket (valgfrit)
- 1 tsk fintrevet ingefær

INSTRUKTIONER:

a) For at lave den syltede gulerod skal du kombinere gulerod, eddike, sukker, salt, chili (hvis du bruger), ingefær og 1 spsk vand i en lille skål. Dæk til og stil på køl i 1 time for at forbedre smagen, og dræn derefter.

b) Læg risnudlerne i en varmefast skål, dæk dem med kogende vand, og lad dem trække i 2 minutter. Frisk dem op under koldt vand og dræn godt af. Hak nudlerne groft med en køkkensaks.

c) Fyld et lavt fad med varmt vand. Dyp et ark rispapir i vandet, dræn det derefter og læg det på et rent

bord. Arket vil fortsætte med at blive blødt, mens det står.
d) På den blødgjorte rispapirsplade arrangeres 2 korianderblade og 2 mynteblade hen over den nederste tredjedel af arket. Top med 2 rejehalvdele og en del af nudlerne, agurk, radise og syltede gulerod.
e) Fold kanten af rispapirarket over fyldet, fold derefter siderne ind og rul sammen for at omslutte. Læg den færdige rulle på en bakke. Gentag denne proces med de resterende rispapirark, koriander, mynte, rejehalvdele, nudler, agurk, radise og syltede gulerødder. Hold rullerne lidt fra hinanden på bakken for at forhindre at de klæber.
f) Server minirejer-rispapirrullerne med sød chilisauce til dypning.
g) Nyd disse friske og lækre mini-rejer-rispapirruller som en velsmagende og sund forret ved din næste sammenkomst.

100. Sashimi grøntsagsruller

INGREDIENSER:
- 1 gulerod, skrællet, groft revet
- 1 lille rød paprika, halveret, fritstillet, skåret i tynde skiver
- 3 grønne skalotteløg, trimmede ender, skåret i tynde skiver diagonalt
- 1 bundt koriander, blade plukket, vasket, tørret, groft hakket
- 8 runde (21 cm i diameter) ark rispapir
- 80 g baby asiatiske grøntsager
- 2 (ca. 400 g) laksefileter, skåret i tynde skiver
- 2 spsk frisk limesaft
- 1 spsk sød chilisauce
- 1 tsk fiskesauce
- Limebåde til servering

INSTRUKTIONER:
FORBERED GRØNTSAGSFYLDET
a) I en stor skål kombineres groft revet gulerod, tyndt skåret rød paprika, tynde skiver grønne skalotteløg og grofthakket koriander. Vend forsigtigt for at kombinere.

SAMLER RISPAPIRSrullerne
b) Læg et ark rispapir i blød i et fad med varmt vand i 45 sekunder, eller indtil det bliver blødt og smidigt. Vær forsigtig med ikke at lægge lagen i blød for længe, da den kan rive.

c) Dræn det blødgjorte rispapirark på et køkkenrulle og overfør det til en ren arbejdsflade.

d) Læg et par asiatiske grøntsager, en del af gulerodsblandingen og nogle lakseskiver langs midten af rispapirarket.
e) Fold enderne af arket ind og rul det stramt op for at omslutte fyldet og danner en cigarform.
f) Skær den rullede plade i halve diagonalt og læg den på et serveringsfad.
g) Gentag processen med de resterende rispapirark, asiatiske grøntsager, gulerodsblanding og laks.

FORBERED DIPPESAUSEN

h) Kombiner den friske limesaft, sød chilisauce og fiskesauce i en lille serveringsskål.

TJENE

i) Server Sashimi-grøntsagsrispapirrullerne med det samme med dipsauce og limebåde.

KONKLUSION

Når vi kommer til slutningen af vores æggerulleventyr, håber jeg, at du har nydt at udforske den vidunderlige verden af sprøde, smagfulde appetitvækkere. Fra klassiske opskrifter til innovative kreationer, "Forårsruller" har givet en guldgrube af inspiration til at løfte dit forretterspil. Uanset om du har opdaget en ny yndlingsopskrift eller eksperimenteret med dine egne variationer, håber jeg, at denne kogebog har givet dig mulighed for at slippe din kreativitet løs i køkkenet.

Mens du fortsætter din kulinariske rejse, så husk, at mulighederne med æggeruller er uendelige. Vær ikke bange for at eksperimentere med forskellige fyld, smage og teknikker til at skabe dine egne signaturkreationer. Uanset om du er vært for et middagsselskab, nyder en hyggelig aften i eller blot forkæler dig med en lækker snack, er æggeruller den perfekte måde at tilføje spænding til ethvert måltid.

Tak fordi du var med på dette smagfulde eventyr. Må dine æggeruller altid være sprøde, dit fyld altid være smagfuldt, og dine kulinariske kreationer bringer altid glæde til dem omkring dig. Indtil næste gang, god tur!